Mis enigmas favoritos

Biblioteca J. J. Benítez
Investigación

J. J. Benítez
Mis enigmas favoritos

 Planeta

© J. J. Benítez, 1993
© Editorial Planeta, S. A., 2003
   Avinguda Diagonal 662, 6.ª planta. 08034 Barcelona (España)

Diseño de la cubierta: Opalworks
Ilustración de la cubierta: foto © Iván Benítez
Fotografía del autor: © José Antonio S. de Lamadrid
Primera edición en Colección Booket: marzo de 2003
Segunda edición: junio de 2003
Tercera edición: diciembre de 2003

Depósito legal: B. 194-2004
ISBN: 84-08-04731-0
Impreso en: Litografía Rosés, S. A.
Encuadernado por: Litografía Rosés, S. A.
Printed in Spain - Impreso en España

Biografía

J. J. Benítez (56 años). Casi 30 de investigación.
Más de 100 veces la vuelta al mundo. Está a punto
de alcanzar su libro número 40. Cuatro hijos.
Dos perros. Dos amores (Blanca y la mar).
Apenas cinco amigos de verdad. Y un JEFE:
Jesús de Nazaret.

ÍNDICE

PRÓLOGO

Entre mis numerosos proyectos profesionales —contando, claro está, con el beneplácito de la Divina Providencia— figura uno largamente acariciado y por el que siento una notable debilidad: «Galaxia insólita». Un proyecto, lo sé, que dada su envergadura resultará poco menos que imposible de rematar. Porque mi idea es mostrar aquellas incógnitas universales y aquellos países y regiones del globo en los que el misterio, la magia o las leyendas hacen del lugar un enclave «insólito». Llevo veinte años preparándome para ello. He recorrido más de tres millones de kilómetros y presiento que ha llegado el momento. Con *Mis enigmas favoritos*, primera entrega de «Galaxia insólita», intento esbozar lo que, en breve, constituirá este apasionante y ambicioso trabajo de investigación a lo largo y ancho del mundo. Sé también que en la presente obra no están todos los que son. Enumerar la legión de enigmas que florece en la Tierra sería como pretender desgranar una playa. Me he limitado a dibujar los que, hoy por hoy, siguen poniendo en pie mi curiosidad y para los que —también lo adelanto— la Ciencia no ha encontrado una explicación «clara y terminante».

Y alguien se preguntará: ¿y por qué esta irresistible atracción por lo mágico e inescrutable? Entre las justificaciones posibles me inclino por una, apuntada por Victor Hugo hace más de un siglo: «El arco del infinito está interrumpido —escribe el poeta y novelista francés en *Les travailleurs de la mer*—. Pero lo prohibido nos atrae, a pesar de ser un abismo. Donde el pie se detiene, puede seguir el espíritu. No hay ningún hombre que no lo ensaye, por débil e insignificante que sea.» He aquí la gran razón. El progreso y el avance espiritual están magistralmente sujetos a la curiosidad. ¿Qué sería del ser humano sin enigmas? Corrigiendo a Pascal, este innato deseo de saber no constituye la peor enfermedad. Muy al contrario: ha sido ese excelso don el que ha motorizado la inteligencia.

Para muchos hombres, también lo sé, como para Dostoievski, «son demasiados los enigmas que pesan sobre el corazón humano». Y en mi osadía me atrevo a aligerar la sentencia del genial ruso en *Los hermanos Karamazov*. No son los misterios los que pesan, sino nuestra conmovedora pequeñez. No es el gigantismo cósmico o el irritante silencio que se derrama con la muerte los que nos abruman. Es la todavía frágil y jovencísima inteligencia que nos fue regalada la que puja y se revela, sin admitir que esas incógnitas vienen a ser como los números del calendario. Cada uno es despejado en su momento.

Benditos, pues, los misterios que, como las estrellas, iluminan regularmente nuestra existencia, humillando al engreído y confundiendo al necio. Los enigmas —como los sueños— provocan la duda, estimulan la imaginación y abren las puertas interiores. Y visibles o invisibles permanecen al acecho o dormidos en el regazo de la Historia, a la espera de una mirada, de una intuición, de un pensamiento o de un propósito. En definitiva, a la manera de un reclamo publicitario en la pared del alma, nos recuerdan nuestra condición de «perpetuos aprendices».

J. J. BENÍTEZ

A mis hijos, Iván, Satcha, Lara y Tirma con la esperanza de que algún día tomen el relevo.
¡Queda tanto por «soñar»...!

PERÚ: EL «BAUTISMO DE FUEGO»

Recuerdo la pampa de Nazca, al sur del Perú, con especial cariño y agradecimiento. Allí, por el año 1974, tuve oportunidad de verificar por mí mismo lo que otros, mucho antes que yo, habían calificado de «colosal jeroglífico». Las famosas «líneas de Nazca» —junto a los ovnis y la no menos enigmática «biblioteca de piedra» de Ica, también en Perú— constituyeron mi «bautismo de fuego» en lo que a investigación de lo insólito se refiere. ¿Cómo no estar reconocido a ese hospitalario y fascinante país andino? Allí se abrieron mis ojos a las «otras realidades». Allí, en suma, osciló la brújula de mi vida, marcando un nuevo «norte», insospechado hasta esos momentos.

Desde entonces he procurado retornar al Perú con regularidad. Y en cada una de mis visitas —casi como un obligado rito— he vuelto a caminar por la ocre y sedienta pampa nazqueña, formulándome los mismos y arcanos interrogantes: «¿Quién trabajó este gigantesco enigma? ¿Cómo fue ejecutado? ¿Por qué?»

Lo he insinuado ya. El presente trabajo no pretende analizar exhaustivamente cada uno de estos misterios. La bibliografía en torno a muchos de ellos es tan magnífica como generosa. Mi intención —también lo he mencionado— es «sobrevolarlos», contribuyendo así y en la medida de mis posibilidades a ensanchar el «horizonte interior».

Y es mi obligación adelantar que en estos momentos (enero de 1991) el enigma de Nazca, lejos de clarear, continúa sumido en un borrascoso océano de hipótesis y contrahipótesis. Y ninguna de ellas —como acontece con los grandes misterios— es mejor ni peor que las restantes. Todas aportan un rayo de luz, pero ninguna reúne la fuerza suficiente para «iluminar» el valle del Ingenio en su totalidad y despejar el secreto de esos cincuenta kilómetros plagados de gigantescas figuras de animales, supuestas «pistas» de aterrizaje y enrevesadas líneas, espirales, triángulos, cuadriláteros y trapezoides.

Creo que la palabra más ajustada es «impotencia». Cuando uno camina por este desolado desierto peruano —con un índice pluviométrico de un centímetro cúbico al año— es imposible percatarse de la magnificencia de lo que ha sido trazado entre el polvo y los guijarros rojizos. Es menester elevarse en un helicóptero o en un avión para «descubrir» la auténtica naturaleza y las dimensiones de este «tablero diabólico». De hecho, fueron los pilotos peruanos —en los años veinte— quienes, al sobrevolar la región, dieron la voz de alerta sobre tan insólito «paisaje». Después, a partir de 1926, los estudiosos han ido desfilando por la pampa, levantando planos, midiendo y examinando las figuras y elaborando toda suerte de posibles «explicaciones». Sin embargo, las noticias sobre la existencia de estas docenas de dibujos se remontan a la conquista española. De ese tiempo, justamente, procede la que podría estimarse como la

14

primera «hipótesis de trabajo» que procuró la solución del enigma. Fue un magistrado español, Luis de Monzón, quien incluyó en sus crónicas —a finales del siglo XVI— la versión unánimemente aceptada por los ancianos indios de la pampa que «reconocían a los viracochas como la causa y motivo que había propiciado la ejecución de las líneas y figuras». ¿Y quiénes eran los viracochas? Al parecer, un grupo étnico minoritario, descendiente del mítico «hombre-dios-Viracocha, llegado de los cielos» y que tuvo a bien «instruir» a una parte de los pueblos andinos. Entre otros, a los nazqueños. Según esta tradición, las plantas, animales, hombres y figuras geométricas dibujados en la pampa habrían sido una «forma de contacto» con esos «dioses» capaces de volar. Algo así como un «homenaje y culto» destinados a «alguien» que tenía el don o la capacidad de «ver desde lo alto». Y aunque estoy convencido que todas las leyendas y mitologías encierran una parte de verdad, esta ancestral creencia no termina de aclarar el «cómo». Me consta que la presencia de seres no humanos sobre la Tierra es antiquísima. Y entra incluso dentro de lo verosímil que un remoto asentamiento hubiera tenido conocimiento y constancia de esas visitas, reflejándolas —a su manera— sobre el desierto. El problema, sin embargo, como digo, no queda resuelto con esta bella y romántica hipótesis. ¿Cómo se logró semejante perfección en los alineamientos y en los dibujos? Ni que decir tiene que no creo en la tesis de los «extraterrestres» como autores materiales de la maravilla de Nazca. Una cosa es que pudieran «provocar» o «inducir» y otra muy distinta que «ejecutaran» el trabajo. Como tampoco acepto la concepción del valle del Ingenio como un grandioso «aeropuerto» interestelar. Después de casi veinte años de investigación sobre ovnis me parece sencillamente ridículo que esas naves prodigiosas necesiten de «pistas» para aterrizar o despegar.

Sí ha habido alguien que ha tratado de demostrar que esas formidables figuras fueron trazadas por los viejos pobladores de Nazca, con el auxilio de cuerdas y estacas. Me refiero, naturalmente, a María Reiche, la «bruja de la pampa». En estos últimos veintisiete años he tenido la fortuna de conversar con ella en diferentes oportunidades, llegando a volar en su compañía sobre el gran jeroglífico. El trabajo de esta matemática alemana, que consagró cuarenta años de su vida al estudio, limpieza y conservación de las líneas, es sencillamente faraónico. Yo la he visto barrer literalmente el desierto, despejando de piedras los surcos que forman las figuras. En honor a la verdad, la investigación de la pampa de Nazca se dividirá algún día en «antes y después de María Reiche». Para esta voluntariosa germana, el valle del Ingenio podría ser el «más grande libro de astronomía del mundo». Una idea que recogió de su predecesor en el estudio de las figuras: el profesor Paul Kosok, de la Universidad de Long Island, quien en 1926 «tropezó» con el «tablero maldito» cuando investigaba los antiguos sistemas de irrigación. Para Reiche, las líneas y figuras constituyen un método de predicción astronómica: solsticios, posición y cambios de las estrellas, etc. Y todo ello —según la «bruja»— con una intencionalidad puramente agrícola-meteorológica-astronómica.

Sin embargo, la admirable labor de María Reiche no termina de convencer. Y así lo expuse en muchas de mis conversaciones con la tenaz alemana. Ciertamente, algunas de las figuras podrían haber sido plasmadas con el concurso de estacas y cordeles. Pero

¿cómo explicar la simetría existente entre dibujos que se hallan a más de dieciocho kilómetros? Los expertos en topografía saben de las enormes dificultades que presenta una obra de esta naturaleza. Por otra parte, ¿dónde están los instrumentos y las herramientas necesarios para la confección de un «libro de astronomía» de semejantes características? Y un último y no menos espinoso reparo a las tesis de Reiche: dada la extrema sequedad del lugar —donde «llueve» una media hora cada dos años—, ¿qué sentido tiene desplegar semejante esfuerzo para escrutar la meteorología o los astros?

Para el astrónomo peruano Luis Mazzotti —siguiendo la línea de Kosok y Reiche—, Nazca nos ofrece todo un «mapa estelar», con la configuración de las constelaciones, tal y como fueron observadas desde aquellas latitudes australes hace unos mil quinientos años. Según esta teoría, figuras como las del colibrí, la araña, el mono, la ballena, etc., no serían otra cosa que representaciones idealizadas de dichas constelaciones. Pero ¿y qué decir de las «pistas», líneas y demás formas geométricas?

Lamentablemente, tampoco la hipótesis de Mazzotti viene a resolver el gran problema de fondo: ¿cómo fueron trazadas?

Y otro tanto sucede con las recentísimas teorías aportadas por los astrónomos y antropólogos norteamericanos Anthony Aveni, Gary Urton y Persis Clarkson. «Las líneas rectas más largas —afirman estos científicos— servían quizá para conectar lugares sagrados, marcando los caminos rituales que debían seguirse en las fiestas y ceremonias.»

Si fuera así, ¿dónde están los restos de estos templos o lugares sagrados?

Y el enigma sigue en pie, desafiante. Y hasta el

momento, investigadores y estudiosos sólo parecen coincidir en una circunstancia indiscutible que, quizá, guarda la clave del secreto: las figuras de Nazca —sólo visibles en su totalidad desde el aire— pudieron ser ejecutadas «para alguien que volaba...».

Situación de Nazca (Perú)

La «araña», de cuarenta y seis metros de longitud.

El célebre «mono» de Nazca, una de las figuras más enigmáticas.

En una de las laderas aparece este gigantesco «hombre» de treinta metros de altura. ¿Cuál es su auténtico significado? Nadie lo sabe.

S. M. la reina de España, doña Sofía, escucha las explicaciones de la matemática alemana María Reiche durante el vuelo de reconocimiento de la pampa de Nazca. (Foto: J. J. Benítez.)

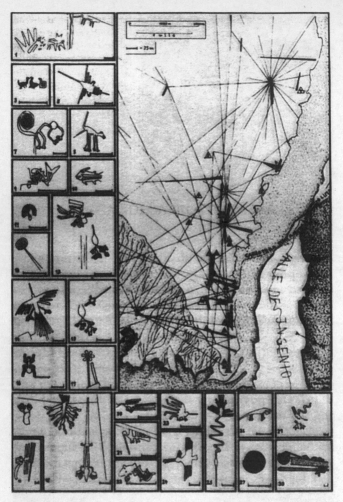

El primer mapa de las figuras de la pampa de Nazca, elaborado por María Reiche en 1956.

EL «CANDELABRO» DE PARACAS

Es inevitable. Alrededor de los pequeños y grandes enigmas surgen siempre «cortinas de humo», especulaciones amarillistas e «intoxicaciones» de muy oscuros orígenes. E imagino que a lo largo de este trabajo tendré oportunidad de ir analizando más de una y más de dos. Éste es el caso del celebérrimo «candelabro» de Paracas, al norte de la recién comentada pampa de Nazca. La verdad es que en estos últimos años he llegado a leer y escuchar las más peregrinas hipótesis sobre su construcción y finalidad. Una de las más difundidas y mejor aceptada —quizá por la carga «mágica» que arrastra— es la que sostiene que el gran «tridente» señala hacia el valle del Ingenio, «como una especie de cósmica advertencia de la proximidad del cosmódromo nazqueño». Y lógicamente, aquellas personas que no han tenido la fortuna de visitar el lugar o, sencillamente, no se han tomado la molestia de inspeccionar los mapas, pueden llegar a creer en semejante «invento». Nada más remoto y carente de base.

Esta inmensa y misteriosa figura —trazada sobre la ocre y salitrosa duna que se desliza hacia el océano Pacífico en la punta Pejerrey, en la península de Paracas— no guarda relación alguna con las «pistas» y dibujos que conforman el referido «tablero maldito» de Nazca. En una de mis primeras visitas al promontorio, los análisis efectuados con las brújulas fueron terminantes. El eje central y principal del «candelabro» marcaba el norte. Para ser exactos: 348 grados. O lo que es lo mismo, una desviación de 12 grados hacia el oeste, en relación con el norte magnético. (Como es sabido, en esta zona, la desviación magnética se calcula en unos siete grados este.) Ello situaba la dirección de la figura a 355 grados. En otras palabras, no existía la menor relación con Nazca, al menos en lo que a direccionalidad se refiere. Ni con la pampa, ni con la ciudad de Cuzco, ni tampoco con la mítica Machu-Picchu. Muy probablemente, si el «candelabro» o «tridente» de Paracas apareciera orientado hacia alguno de estos conocidos enclaves, el velo de misterio que lo cubre quizá hubiera sido levantado hace tiempo... Lamentablemente, al trazar una línea recta —siguiendo su brazo principal—, uno se pierde en el interior del continente americano, sin alcanzar a desentrañar el porqué de tan desconcertante símbolo.

Tampoco el estudio de sus colosales magnitudes o la forma en que pudo ser trabajado arrojan la suficiente luz como para aclarar la razón o razones de su existencia.

Durante algún tiempo busqué una posible relación numérica entre las medidas que le dan cuerpo. Fue inútil. Sus 183 metros de longitud máxima, su inclinación en relación al mar (40 grados), la anchura de los brazos (3,2 metros) o la profundidad de los mismos (oscilando entre 1 y 1,2 metros), no aportaron datos o pistas concretos.

24

En cuanto a su antigüedad, los investigadores se hallan igualmente atrapados. Resulta muy difícil estimarla.

Quizá uno de los puntos en común con la pampa nazqueña resida en la extrema sequedad del paraje, que ha permitido una notable conservación de la figura. La atmósfera salitrosa que envuelve el promontorio ha actuado como aglutinante, apelmazando y endureciendo la arena que rodea al «candelabro». Cuando uno camina sobre la mencionada duna es fácil advertir que las líneas del «tridente» pudieran haber sido formadas mediante una simple técnica de «vaciado», con un férreo prensado de las paredes laterales. Como es lógico, los fuertes vientos reinantes rellenan y vacían regularmente los «brazos» aunque, hasta el momento, que se sepa, no han sido capaces de borrarlos.

Al excavar en el interior de dichos «brazos», el investigador se encuentra con otra sorpresa. A diez o quince centímetros —dependiendo de los lugares examinados—, la arena desaparece y surge una costra blancoamarillenta, de naturaleza cristalina, muy común en toda la península de Paracas. Esta sedimentación natural, amén de su cegadora luminosidad, presenta una superficie asombrosamente lisa. La deducción es inevitable: hace cientos o quizá miles de años, el «candelabro» de Paracas podía ofrecer una lámina y un color infinitamente más atractivos que en la actualidad. Si hoy se dibuja desde el aire o desde el mar como un todo rojizoamarillento, en el pasado, esa imagen tuvo que destellar al sol como un «tridente» de plata.

Pero ¿cuál es su finalidad? Como en el caso de Nazca, las tesis son tan múltiples como variopintas. Y todas, directa o indirectamente, coinciden en el único hecho aparentemente claro: tanto por su ubicación como por sus proporciones parece concebido para ser observado en la distancia. Y ahí, en definitiva, arranca el gran problema. A diferencia de las figuras de la pampa nazqueña, la «confección» del «tridente» no debió de ofrecer excesivas dificultades técnicas a sus ejecutores. Ahora bien, ¿por qué ese trazado gigantesco, por qué ese particular emplazamiento y por qué esa dirección norte?

Como digo, hasta el momento nadie ha sido capaz de desvelar uno solo de estos interrogantes.

Algunos afirman que podríamos estar ante un gigantesco y especialísimo «faro», que habría contribuido a mejorar la navegación por estos turbulentos acantilados. De hecho, con tiempo despejado, el «candelabro» es perfectamente visible a veinte kilómetros de la costa.

Otros lo identifican con un signo ritual, relacionado probablemente con sacrificios humanos. El eje principal, en efecto, se encuentra alineado con la isla Blanca y relativamente próximo a otro grupo de islas —las Chincha—, en las que los arqueólogos descubrieron las momias de jóvenes mujeres decapitadas. Tanto en la cerámica como en los célebres mantos de la cultura «paracas» y en las manifestaciones artísticas de los «nazca», el «tridente» o «cactus-tridente» es relativamente frecuente. Pero ¿nos hallamos ante un símbolo ritual o ante un «árbol de la vida», como insinúan determinados expertos?

En lo que no puedo estar de acuerdo es en la aberrante hipótesis de María Belli de León, que llegó a escribir que «el candelabro de tres brazos se encuentra grabado magnéticamente en la roca, como guía hacia el astropuerto de Nazca, iluminándose en la noche». Ni las brújulas presentan alteración alguna sobre el «tridente», ni éste fue «grabado» sobre la roca, ni tampoco señala hacia el sudeste (emplazamiento de la pampa nazqueña) y mucho menos disfruta de esa pretendida iluminación nocturna.

En lo que respecta a la opinión más generalizada entre los arqueólogos —«un signo de carácter astronómico»—, en mi opinión es como no decir nada. ¿A qué signo concreto se están refiriendo? ¿Y por qué dibujarlo de modo y manera que sólo sea visible desde el aire o desde el océano?

Situación de Paracas (Perú)

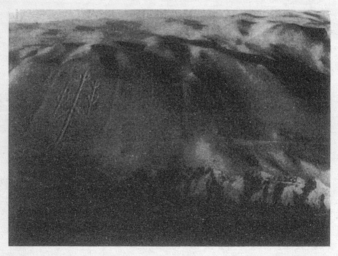

Sobre la gran duna de la península de Paracas otro misterio por resolver: el «candelabro» o «tridente».

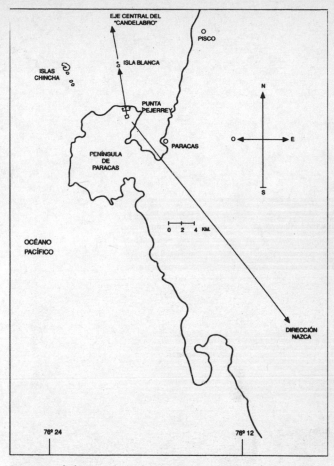

Situación de la península de Paracas, en la costa del Perú. Sobre ella, en dirección noroeste, el «candelabro».

CHILE: LOS «GEOGLIFOS» OLVIDADOS

Siguiendo hacia el sur por esta enigmática costa peruana, entre otras fascinantes incógnitas a las que me referiré en su momento, el investigador, nada más cruzar la frontera, puede acceder a otro misterio de características similares a los precedentes. Al norte de Chile, entre Arica y Tocopilla, diseminados por el ardiente desierto de Atacama —uno de los más duros del planeta—, se contabilizan decenas de figuras y dibujos que, al igual que en Nazca y Paracas, parecen concebidos y realizados para ser observados desde el aire o desde la distancia. Pero estos «geoglifos», a diferencia de los peruanos, permanecen prácticamente olvidados. Y me atrevería a decir más: con la honrosa excepción de los científicos de la Universidad de Tarapacá (Arica) y de algunos —muy pocos— estudiosos del resto del mundo, esta magnífica muestra del arte precolombino es sencillamente ignorada por la colectividad científica.

Cuando uno camina por los áridos cerros del valle de Azapa, de Chiza Suca, Tiliviche y Abra, o brega con las infernales pendientes y quebradas de Cerro

Figuras, Soronal y Cerro Unita o sobrevuela en helicóptero o avioneta los Cerros Pintados, la perfección y grandiosidad de estas imágenes le hacen enmudecer. Allí, en mitad de la desolación del desierto, aparecen «líneas y pistas» como las de Nazca, figuras de «hombres», gigantescos «sapos», rebaños de camélidos, enigmáticos círculos, espirales, «flechas» y, en fin, un diabólico maremágnum de símbolos de muy difícil interpretación.

Muchos de estos «geoglifos», a diferencia también de los nazqueños, no ofrecen duda alguna sobre la «técnica» de su realización. Basta aproximarse a ellos para observar que han sido ejecutados mediante la acumulación de piedras de origen volcánico que oscilan entre los diez y cincuenta centímetros de longitud. De esta forma, el material lítico gris oscuro, distribuido a manera de mosaico, se destaca sobre el resto del terreno, multiplicando el efecto visual. En otros lugares, los autores se han limitado a «limpiar» de rocas y guijarros las laderas y cumbres de los cerros, propiciando así toda suerte de imágenes. Algunas de estas desconcertantes estructuras superan los cien metros de longitud.

Pero, aunque en este caso se sepa o sospeche el método de realización de tales figuras, lo que sigue siendo una incógnita es el «porqué» o «para qué» de su existencia.

En mis conversaciones con el profesor Luis Briones, especialista en arte rupestre y conservador de los «geoglifos», salió a relucir, naturalmente, el problema de fondo: ¿cuál pudo ser la finalidad de estos cientos de imágenes, la mayoría perdida en los más recónditos parajes del desierto chileno? Y como ocurre con los enigmas «gemelos» del Perú, las explicaciones de los arqueólogos y científicos son vagas, oscuras y tímidas.

¿Se trataba de «señalizaciones»? ¿Algo así como los modernos indicadores de nuestras carreteras y autopistas? La hipótesis de trabajo podría encajar en determinados «geoglifos», ubicados al filo de los antiguos caminos y cañadas. Pero ¿cómo ajustar esta tesis a las figuras que reposan lejos de las rutas caravaneras? Por otra parte, las enormes proporciones de muchos de estos símbolos —sólo perceptibles con claridad desde una cierta distancia y en especial desde el aire— parecen reñidas con una intencionalidad puramente «orientativa».

También se ha barajado la socorrida idea, favorita de los arqueólogos y antropólogos ortodoxos, de una «representación ritual que propiciase buenas cosechas y mejores rebaños». La explicación sería verosímil para las figuras de los camélidos. Pero, ¿qué ocurre con los enigmáticos «círculos», las gigantescas «cabezas de hombres», las «pistas» o los «rectángulos», por mencionar algunos ejemplos?

Y la gran duda planea de nuevo sobre el enigma de los «geoglifos» de Arica: ¿por qué esa obsesión en los pueblos que habitaban la vieja placa tectónica de Nazca por dibujar y fabricar imágenes que pudieran ser vistas desde el aire?

Quizá el lector haya adivinado la respuesta...

Situación de Arica, al norte de Chile.

Los «geoglifos» de Chile, el «pariente» próximo y «pobre» de las célebres figuras de Nazca. (Foto: J. J. Benítez.)

Enigmáticos «círculos» y «flechas» han sido dibujados sobre los cerros. Pero ¿con qué objeto?

Un enorme «sapo», formado mediante acumulación de piedras volcánicas. (Foto: J. J. Benítez.)

Extraña criatura que, como otros muchos «geoglifos» chilenos, no ha podido ser identificada con precisión por los especialistas.

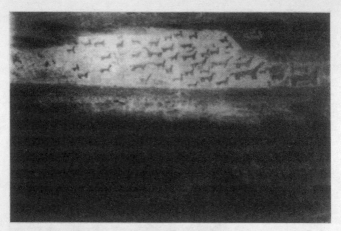

Rebaños de camélidos sobre la falda de uno de los cerros del desierto de Atacama. (Foto: J. J. Benítez.)

Muchos de los «geoglifos» sólo son visibles a distancia y, en especial, desde el aire.

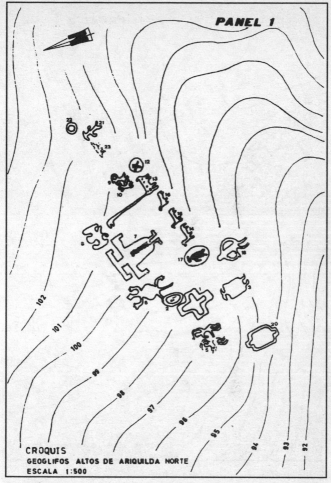

Reproducción a escala de los «geoglifos» ubicados en los altos de Ariquilda, según estudios de los profesores L. Briones y J. Chacama.

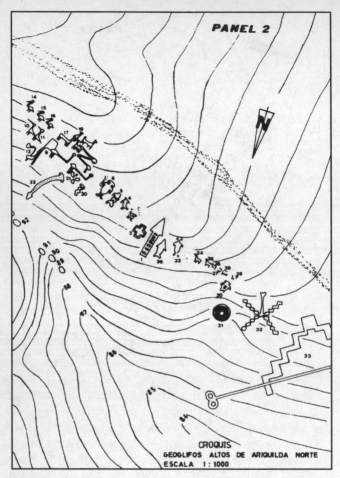

Conjunto de «geoglifos» de los altos de Ariquilda Norte.

SÁHARA:
«MOSCAS» Y «BOOMERANG» GIGANTESCOS

Pero no es sólo el continente sudamericano el que ofrece esta serie de peculiares enigmas. La «obsesión» por las figuras, dibujos y construcciones observables únicamente «desde lo alto» aparece también en otros rincones del planeta. Algunos —caso de Estados Unidos y Gran Bretaña—, bien conocidos por los amantes de la Arqueología. Otros, como el del Sáhara, perfectamente ignorados. Y a este nuevo misterio voy a referirme, aunque debo adelantar que la información que ha llegado hasta mí resulta escasa e incompleta, por razones obvias. Y me explico. El escenario de dicho enigma se halla localizado en las ardientes arenas de lo que fue el Sáhara español. Hoy, lamentablemente, esta región se encuentra envuelta en una guerra de guerrillas y mis sucesivos intentos por adentrarme en la misma no han prosperado. Será cuestión de aguardar tiempos mejores para penetrar en dicho desierto y explorar la zona con detenimiento.

La noticia llegó a mi poder a través de los pilotos del Ejército del Aire español, que prestaron sus servicios en aquella parte de África. Fueron ellos, justamente, quienes «descubrieron» en sus vuelos las extrañas formaciones existentes en los territorios de El Aaiún, Chej Merebbi Raban, Lehmeira, Musa, Sallat Aseraui, Moroba, Habchi, Chabien, Jang Saccim, Quesar, Tuccat, Tifariti, Bir Lehmar y Fadral Tamat. Y fueron ellos quienes las «bautizaron» con los nombres de «moscas» y «boomerang», trazando los primeros planos de su situación.

«Moscas» y «boomerang» responden a las curiosas formas que presentan desde el aire. Las primeras se asemejan a estos insectos, con dos enormes «alas» de puntas redondeadas, separadas por una especie de canal recto y provistas de una «cabeza» oscura y mal definida. Según los cálculos de los pilotos las dimensiones de las «moscas» en ningún caso sobrepasaban los cincuenta metros.

Los «boomerang», en cambio, son gigantescos. Algunos alcanzan un kilómetro y medio de longitud. En las fotografías tomadas desde los aviones se observa una zona central oscura y casi triangular de la que parten sendas líneas estrechas y extraordinariamente largas. Una estructura, en suma, muy similar a la de la famosa arma australiana.

Inexplicablemente, todos los «boomerang» se hallan orientados hacia el oeste. Las «moscas», sin embargo, no guardan un orden aparente. Se encuentran distribuidas por doquier y en formaciones anárquicas.

Según los pilotos, la localización en tierra de tan desconcertantes construcciones es labor ardua. Pese a disponer de la ubicación de muchas de ellas, las dunas del desierto han terminado por cubrirlas, dificultando las tareas de reconocimiento. Lo que sí se sabe es que no corresponden a formaciones naturales o a simples accidentes del terreno. Están «fabricadas» con enormes piedras oscuras y, en el caso de los «boomerang», como digo, manteniendo una orientación tan rígida como críptica. ¿Por qué hacia el poniente?

Cuando la población nativa, los saharauis, fue interrogada acerca de estas enigmáticas «obras», su respuesta fue siempre la misma: «Pertenecen a nuestros gloriosos antepasados.»

Y un torrente de preguntas surge de inmediato.

¿A qué antepasados se refieren? ¿Nos encontramos, como en los enigmas de Perú y Chile, ante una civilización con unos conocimientos muy superiores a los que imaginamos? ¿Por qué los «boomerang» señalan hacia el Atlántico? ¿Qué se oculta bajo las «alas» de las «moscas»? ¿Fueron conscientes de que tales construcciones sólo podían ser divisadas desde el aire? ¿Acaso tenían capacidad para volar?

Como digo, será menester internarse en el Sáhara e investigar directamente sobre este irritante misterio para tratar de aportar un mínimo de luz.

Pero no todos los enigmas de estas características se hallan anclados en la antigüedad. También en los tiempos modernos han sido detectados dibujos y figuras —sólo visibles desde el aire—, cuya explicación constituye un molesto rompecabezas para la ciencia oficial. Éste es el caso de las asombrosas «estrellas» descubiertas en 1957 sobre territorio francés.

Situación del ex Sáhara español.

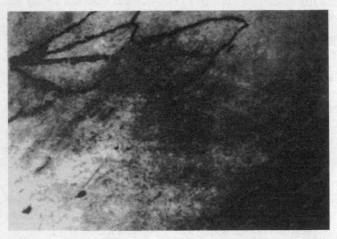

Las moscas descubiertas desde el aire en el desierto del Sáhara. (Fotografías cedidas por los pilotos del Ejército del Aire español.)

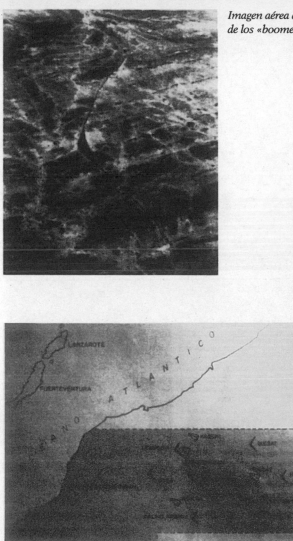

Imagen aérea de uno de los «boomerang».

Localización de algunas de las enigmáticas figuras existentes en el antiguo Sáhara español.

FRANCIA:
LAS «ESTRELLAS» DE CHARTRES

Un buen día, a través de un viejo amigo —ingeniero nuclear en Francia— tuve conocimiento de un extraño suceso. Al parecer, sobre territorio francés habían sido descubiertas unas gigantescas y enigmáticas figuras, sólo visibles desde el aire. Presentaban la forma de «estrella», con una serie de curiosas «coincidencias». Las imágenes aportadas por el ingeniero eran elocuentes. Y puse en marcha la investigación.

La respuesta del Instituto Geográfico Nacional del país vecino me dejó perplejo. Las «estrellas» en cuestión existían, por supuesto, constituyendo —a juicio de los especialistas galos— uno de los más indescifrables enigmas con que se haya enfrentado la ciencia...

Todo arrancó en 1957. El mencionado Instituto había llevado a cabo una rutinaria misión aérea sobre Chartres, fotografiando la zona situada al sursudoeste. A decir verdad, durante las tomas fotográficas, ninguno de los miembros de la tripulación y del equipo de Cartografía detectó nada anormal. La sorpresa llegaría poco después, cuando los expertos se dispusieron a analizar las imágenes aéreas. Allí aparecía «algo» tan espectacular como inexplicable: unas curiosas alineaciones de manchas claras, regularmente espaciadas sobre diversos suelos de la región.

La alineación principal sumaba una veintena de «manchas», espaciadas entre sí unos trescientos sesenta metros y ubicadas sobre un eje casi norte-sur, con una declinación de siete grados y veinticinco minutos hacia el este.

El examen detallado de cada «mancha» reveló una estructura invariable —esto es importante—, en forma de «estrella» y de treinta y cinco metros de diámetro. El «hallazgo», como digo, desconcertó a los geógrafos franceses.

Y los análisis se repitieron, así como las tomas aéreas. Todo coincidía.

El uso de la visión estereoscópica, con la ayuda de los clichés efectuados sucesivamente por el avión en su desplazamiento, permitió fijar un límite superior al relieve eventual de estos objetos, cuarenta centímetros, como mucho, con relación al suelo. Si las dimensiones y la estructura de estas «estrellas» son notablemente constantes, se puede observar en cambio que su «luminosidad» es muy variable.

Sin embargo, dos fotografías diferentes que engloben la misma «estrella», efectuadas el mismo día o con algunos días de intervalo, la muestran siempre en idéntico lugar, con similar contraste. Esto eliminó la posibilidad de un artefacto, convenciendo a los franceses de la innegable realidad de dichos objetos ópticos. (Los clichés originales fueron placas de 18 por 18 centímetros, con una emulsión pancromática sensible al espectro visible.)

Pero quizá uno de los factores que más impresionó y desconcertó a los investigadores fue la enorme semejanza existente entre las «estrellas». Todas ellas, como fue dicho, alcanzaban los treinta y cinco metros de diámetro, con un total de nueve ramas. Cada uno de estos brazos aparecía integrado por cuatro círculos o puntos, perfectamente visibles. En total, pues, cada figura se hallaba «construida» por treinta y seis puntos.

Naturalmente, desde que estas enigmáticas imágenes fueran tomadas y descubiertas por el Instituto Geográfico Nacional francés, las hipótesis para tratar de explicarlas han sido múltiples. Sin embargo, hasta el momento, ninguna puede estimarse como definitiva.

Para algunos, estas «estrellas» de nueve puntas pudieron ser la consecuencia de operaciones desplegadas por la Compañía General de Geología, a base de cargas explosivas colocadas a escasa profundidad y siguiendo una disposición en estrella. Con este procedimiento, no obstante, difícilmente se hubiera logrado una simetría tan perfecta y, mucho menos, un grado de luminosidad como el que ofrecían los círculos que conformaban las figuras.

Otros aseguraron que nos hallábamos ante restos de construcciones prehistóricas. Y algunos arqueólogos apuntaron la posibilidad de que dichas formaciones «en estrella» fueran «cromlechs»; es decir, monumentos de los antiguos druidas, formados por menhires dispuestos en círculo —como en el caso de Carnac— o en varios círculos concéntricos alrededor de otro menhir más elevado o de una piedra esférica.

Cuando lós investigadores acudieron a los campos donde fueron fotografiadas las «estrellas» no hubo forma de encontrar un solo resto megalítico. Y la hipótesis prehistórica fue olvidada.

Por otra parte, ¿por qué los «cromlechs» existentes en el mundo no han podido ser fotografiados desde el aire con semejante nitidez y, sobre todo, con esa «luminosidad»?

¿Podía tratarse de otro fenómeno? ¿Quizá de las «huellas» dejadas por ovnis? Curiosamente, en uno de los números de *Science et Vie* se habla de la aparición de objetos voladores no identificados sobre esa región. El hecho tuvo lugar en octubre de 1954. Pues bien, al superponer una de estas alineaciones de ovnis sobre las de las «estrellas», el cincuenta por ciento de las mismas coincidía.

¿Casualidad?

La solución sigue sin aparecer. Y el mundo de la ciencia se enfrenta a otro misterio.

¿Qué son las «estrellas» de Chartres? ¿Quién las formó? Y, sobre todo, ¿con qué fin?

Situación de Chartres (Francia).

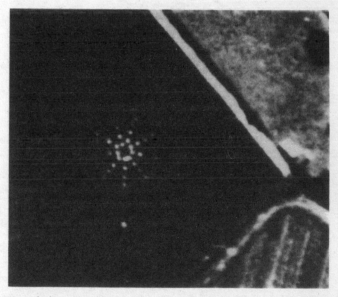

Una de las enigmáticas «manchas» fotografiadas a sesenta kilómetros al sur-sudoeste de Chartres en 1957.

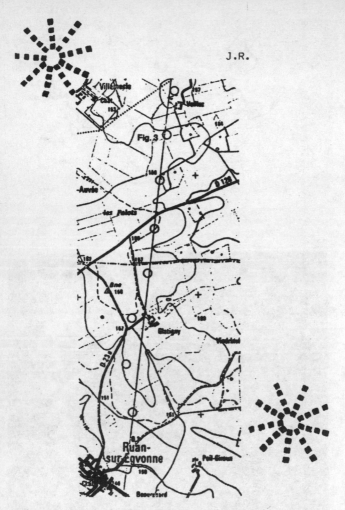

Posiciones de las «estrellas» descubiertas en Francia.

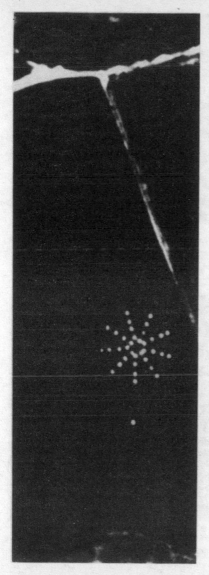

En los levantamientos fotográficos efectuados sobre la región antes y después de la primavera de 1957 no fueron observadas estas asombrosas y enigmáticas «estrellas». (Gentileza del Instituto Geográfico Nacional francés.)

Marcadas con las flechas, dos de las «estrellas» aparecidas en los campos franceses.

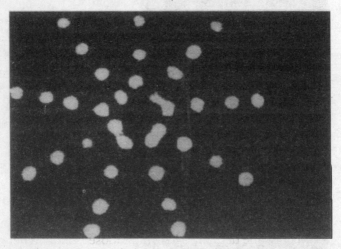

Ampliación de una de las «estrellas» de Chartres. Todas ellas constaban de nueve brazos, con un total de cuatro círculos por rama. Los exámenes con contadores Geiger no arrojaron señal alguna de radiactividad.

MÉXICO: EL VALLE
DE LAS «SIETE LUMINARIAS»

Y hablando de «estrellas», me viene a la memoria otro increíble paraje de este planeta «encantado»: el valle de Santiago, en el centro de México. Allí, al recorrerlo, tuve la oportunidad de adentrarme en un nuevo enigma, íntimamente vinculado a las estrellas que dan forma a la llamada Osa Mayor. En realidad no debería hablar de un enigma, sino de varios... Pero arrancaré por el que me condujo hasta el citado valle, en el estado de Guanajuato. En una superficie de siete kilómetros cuadrados se alzan siete volcanes extinguidos. Antes de la llegada de los conquistadores la región recibía el nombre de Camémbaro que, justamente, viene a significar «País de las Siete Luminarias», en recuerdo —siempre según la tradición— de las «antorchas» que manaban de los mencionados cráteres. Y con los españoles, Camémbaro fue sustituido por valle de Santiago, fundándose la ciudad del mismo nombre a poco más de 1.700 metros de altitud. Esto ocurría en mayo de 1607. Pues bien, por aquellas fechas, los misioneros y cronistas recibieron detalles en torno a algunos de los misteriosos sucesos que se registraban en el interior de los dormidos volcanes, cuyo magma había sido reemplazado por lagos de aguas profundas y turquesas. En uno de ellos —conocido hoy como La Alberca— habitaba un monstruo que recibía el nombre de «Chan». En el de «Yuriría», la laguna cambiaba de color poco antes de los terremotos...

Pero fue en nuestro siglo cuando, al sobrevolar y fotografiar las «Siete Luminarias», las tomas aéreas pusieron de manifiesto «algo» sorprendente: los siete volcanes principales del valle de Santiago se hallaban distribuidos «a imagen y semejanza» de la famosa constelación del Carro u Osa Mayor. Y en honor a la verdad, cuando uno examina estas fotografías tiene que reconocer que la coincidencia, cuando menos, es desconcertante. Los siete círculos coinciden casi a la perfección con las siete estrellas fundamentales de la referida constelación. Por supuesto, para una mente medianamente racional, este hecho sólo puede ser considerado como una «simple y curiosa casualidad» o como un «capricho de la naturaleza». Y puede que esté en lo cierto. O puede que no... Porque hay algo más. Algo que contribuye a complicar el misterio. Me fue comunicado por la investigadora Guadalupe Rivera de Iturbide. Alertada por estas imágenes y por los estudios del ilustre pensador mexicano Ignacio Ramírez en el siglo pasado, la directora del Instituto de Investigaciones Históricas de la Revolución Mexicana puso en marcha un ambicioso proyecto, consistente en el levantamiento topográfico de la totalidad del país. Partiendo de la base de que numerosas ciudades del viejo continente —en especial las griegas— habían sido diseñadas de acuerdo con los mapas zodiacales, fue inspeccionando los asentamientos del territorio mexicano, verificando con asombro cómo cada uno de los poblamientos se correspondía con una determinada constelación. Y según la doctora Rivera, el valle de las «Siete Luminarias» constituía el centro geográfico-matemático de la «gran espiral» que cubre todo México. Y sus hallazgos fueron más allá de lo imaginable. Porque, al estudiar y relacionar el antiguo calendario azteca con este asunto, Guadalupe Rivera llegó a la conclusión de que cada 1.040 años, la Osa Mayor termina situándose en la vertical de los mencionados siete volcanes. ¿Otra casualidad?

Pero, como insinuaba anteriormente, en este paradisíaco lugar se dan otros fenómenos, a cual más extraño.

Olvidaré temporalmente la historia de «Chan», para volver sobre ella en el capítulo de los «monstruos atrapados». Y centraré mi atención en el cráter Yuriría.

Cuando lo inspeccioné, el nivel de la laguna que lo llena desde tiempo inmemorial había descendido notablemente. Y los nativos se mostraban preocupados. Porque las aguas de esta caldera —según la tradición y las más modernas observaciones— disfrutan de una singular virtud: cambian de color antes de los terremotos.

Desde hace años, atraídos por semejante circunstancia, numerosos investigadores —en especial biólogos y vulcanólogos— han ido desfilando por las orillas de este lago interior, a la búsqueda de una explicación. Y, en efecto, algunos han sido testigos de excepción del súbito y siempre alarmante proceso. De pronto, las verdes y apacibles aguas adquieren una coloración rojiza. Y en cuestión de días o semanas, bien en México o en cualquier otro punto del planeta, se registra un movimiento telúrico. Así ocurrió en julio de 1985. Los habitantes del valle de Santiago descubrieron con horror cómo el Yuriría había modificado el color de sus aguas, ofreciendo una amenazante tonalidad sanguinolenta y un intenso y pestilente olor. Aquélla era la «señal». Mes y medio después, el 19 de septiembre, la ciudad de México era azotada por un violento seísmo. Y otro tanto aconteció en 1989. En septiembre, el lago amaneció teñido de rojo-sangre. Días más tarde, en octubre, sendos movimientos sísmicos asolaban China y California. El cráter, una vez más, lo había advertido.

Y aunque es ahora, merced a la moderna tecnología, cuando se ha empezado a tomar en consideración el insólito «proceder» del Yuriría, la verdad es que las noticias sobre tan extraña «virtud» se pierden en la noche de los tiempos. Naturalmente, como sucede con harta frecuencia, siempre fueron tomadas como «fantasías del populacho» o «supersticiones propias de pueblos incultos y atrasados». Y la ciencia ha tenido que doblegarse ante la abrumadora realidad, reconociendo, en definitiva, que las viejas leyendas y tradiciones no eran sólo fruto de la imaginación popular. El propio nombre del antiquísimo asentamiento humano existente junto al volcán —«Yuririapúndaro»— nos habla ya del conocimiento de estos hechos por parte de los indígenas. Porque «Yuririapúndaro» significa «lago de sangre».

¿Y qué opinan los científicos sobre tan asombroso enigma?

Hoy por hoy se muestran cautelosos. Los análisis de las muestras extraídas en pleno «cambio» de tonalidad han arrojado una importante pero todavía insuficiente «pista»: el «rojo-sangre» de las aguas se debe fundamentalmente a la presencia en la superficie del lago de un microorganismo protozoario flagelado de color rojizo. No cabe duda, por tanto, que la modificación de la tonalidad natural del lago obedece a la irrupción, posiblemente desde el fondo, de esta suerte de microorganismos. Pero, ¿qué es lo que provoca el repentino desplazamiento de estas colonias de seres vivos? ¿Quizá una serie de ondas subterráneas —desconocidas aún para la Ciencia— que precede a los terremotos propiamente dichos? ¿Y por qué en las aguas del Yuriría y no en las de los volcanes próximos? Podríamos aceptar que, en el caso de los seísmos de la ciudad de México o California, la proximidad de dichos lugares pudiera provocar un fenómeno previo de distorsión en las profundidades del referido cráter. Pero ¿y en el caso de China?

LOS FRUTOS DEL PARAÍSO

Y para cerrar estos breves apuntes en torno al enigmático valle de las «Siete Luminarias» quizá debería hacer mención del no menos misterioso cerro de Culiacán, que se alza a una decena de kilómetros de los cráteres. Allí, según la leyenda, existe una «mágica ciudad subterránea». Pero pospondré mis investigaciones en las faldas y cima de este coloso para una mejor ocasión y en beneficio de otro enigma que, de no haberlo visto con mis propios ojos, difícilmente lo hubiera aceptado. Porque, ¿quién puede imaginar una col de cuarenta y tres kilos? ¿Cómo aceptar que la tierra pueda ofrecer matas de apio de un metro de altura, cañas de maíz de cuatro, hojas de acelga de 1,85 metros o que, de una sola semilla de cebolla, nazcan hasta doce ejemplares, con un peso total de quince kilos?

Sé que puede parecer una fantasía, muy propia de libros y películas de ciencia ficción. A las imágenes me remito. Ellas hablan por sí solas.

Todo empezó en los años setenta y justa y misteriosamente en los dominios del valle de Santiago. Varios campesinos y vecinos del lugar —entre los que destacan José Carmen García Hernández y Óscar Arredondo Ramírez— sorprendieron a propios y extraños con unos frutos gigantescos, como jamás se había visto en la historia de México y, si me apuran, del resto del mundo.

Como es natural, la noticia voló, conmocionando a las autoridades y estamentos oficiales. Y una legión de expertos se personó en los terruños, verificando la realidad de semejante «revolución agrícola». Pero, desconfiados, sometieron a los «artífices» de las gigantescas cosechas a una prueba de fuego. Y en 1977, en un campo experimental próximo a Tampico (Tamaulipas), ingenieros agrícolas del gobierno y los campesinos de Santiago se enfrentaron en un curioso reto. Los unos sembraron las hortalizas siguiendo los métodos tradicionales. Los otros —pared con pared—, según su secreto saber y entender. El resultado fue espectacular. Mientras los ingenieros obtenían una producción media por hectárea de ocho toneladas, el «campo» de los «revolucionarios» superaba las cien... Y la «mágica fórmula» —según los depositarlos del preciado tesoro— era extensible a todo tipo de productos: cereales, flores, tubérculos, etc. Y lo demostraron. Las formidables «cosechas» comenzaron a invadir los mercados de la región. Y durante un tiempo, los hogares de los santiaguinos se vieron beneficiados por este «regalo de los cielos». Baste decir que, por ejemplo, con dos monumentales hojas de acelga podía alimentarse toda una familia. Y algo similar ocurría con las patatas, maíz, cebollas, coles y demás verduras.

La esperanzadora noticia, sin embargo, no agradó a las multinacionales. Tal y como habían demostrado los impulsores de este sensacional hallazgo, la siembra y los cuidados de los productos sometidos a la «secreta fórmula» no requerían de fertilizantes ni pesticidas. El proceso se desarrollaba de forma natural, sobre cualquier tipo de suelo y bajo unas condiciones climáticas y de riego enteramente normales. Y surgieron las amenazas y presiones. Y los campesinos se vieron obligados a abandonar sus experimentos y sus tierras. Uno de ellos, incluso, terminaría en prisión. Y la «gran revolución agrícola» fue abortada.

Las multinacionales, sin embargo, no consiguieron arrancarles el «secreto» de tan prodigioso sistema. Un «secreto» que ha sido transmitido a un escogido grupo de amigos incondicionales de los «revolucionarios» mexicanos. Un «secreto» que guarda una íntima relación con el noble arte de la astrología y que —según mis confidentes— «fue legado a estos habitantes del enigmático valle de las Siete Luminarias» por seres «no humanos».

Sé que estas aseveraciones pueden hacer sonreír malévolamente a los incrédulos y escépticos. Están en su derecho. Pero ¿pueden ellos —de la mano de la ciencia oficial— obrar un «milagro» semejante?

Y puede que llegue el día —cuando los valores espirituales del hombre hayan madurado— en que ese «secreto» se abra de nuevo al mundo, en beneficio de todos.

Situación de México.

El valle de las «Siete Luminarias». En el escudo, los volcanes y la constelación de la Osa Mayor.

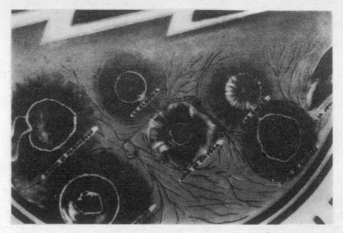

Los siete cráteres del valle de Santiago: La Alberca, Álvarez, Cinto-ra, La Blanca, Estrada, Rincón de Parangueo y San Nicolás.

La ciudad de Yuriría, al pie de la misteriosa laguna «roja».

El nivel de las aguas de la laguna «roja» ha descendido alarmantemente. (Foto: J. J. Benítez.)

Óscar Arredondo, uno de los depositarios del «secreto» de los vegetales gigantes, junto a J. J. Benítez.

Un rábano de diez kilos. La niña del valle de Santiago carga con él con evidentes dificultades.

Las palabras sobran. He aquí una «mágica» col de 43 kilos.

Una cebolla tan grande como la cabeza del niño que la sujeta. Su peso: cinco kilos y medio. Sin comentarios.

Claveles gigantescos en el valle de Santiago. En el centro, un clavel normal, que sirve de comparación.

Una acelga de 1,85 metros. Toda una «revolución» agrícola que ha sido «abortada» por las multinacionales.

Otro gran enigma del valle de las «Siete Luminarias», en México: los frutos del «Paraíso». Jamás se vio cosa igual en la historia de la agricultura mundial.

TURQUÍA: ¿QUIÉN VOLABA
EN LA ANTIGÜEDAD?

Esta pregunta —latente en algunos de los enigmas ya expuestos y en otros que iremos analizando— cobra especial fuerza en el misterio que me dispongo abordar: los célebres mapas de Piri Reis. ¿Cómo es posible que en los albores del siglo XVI, alguien tuviera conocimientos geográficos y cartográficos de tierras que —oficialmente— no habían sido descubiertas? ¿Cómo entender que en esas fechas hubiera noción de los perfiles de un continente antártico «sin hielos» o de las cordilleras septentrionales de Canadá? Porque éstos, entre otros, han sido los sorprendentes hallazgos obtenidos por los científicos tras los iniciales estudios de los mapas descubiertos en Turquía.

Fue en noviembre de 1929 cuando, al practicar un inventario en el viejo palacio-museo de Topkapi, en Estambul, los empleados abrieron un antiguo cofre, hallando en su interior una serie de pergaminos enrollados de los que no se tenía conocimiento oficial. Las primeras investigaciones corrieron a cargo del entonces director del Museo Nacional turco, Halil Eldem. Y fue entonces cuando surgieron las primeras sorpresas. Los pergaminos —lógicamente deteriorados— habían sido confeccionados sobre piel de gacela y, según las inscripciones que figuran en los mismos, elaborados en 1513 en la ciudad de Gallípoli por Piri Reis Ibn Hadji Mehemet. Es decir, por el almirante Piri, hijo del peregrino a La Meca Hadji Mehemet. Este personaje —Piri Reis—, además de almirante de la flota turca, fue un notable cartógrafo y un humanista de reconocido prestigio, que hablaba griego, italiano, español y portugués. Fruto de sus innumerables viajes nos queda un libro de memorias —el *Bahriye* o *Libro del mar*— en el que aparecen doscientos quince planos y mapas. En los dos fragmentos que constituyen estos famosos documentos de Piri Reis aparece una leyenda que dice textualmente: «Así se refiere cómo ha sido trazado este mapa. Nadie en el siglo presente posee uno similar. Ha sido elaborado y diseñado por el humilde suscrito. La carta es producto de estudios comparativos y deductivos hechos sobre veinte cartas y mapamundis, sobre ocho "Djaferiye" similares, sobre un mapa árabe de las Indias y sobre un mapa trazado recientemente por cuatro portugueses en el que los países de Sind, Hind y China están trazados con criterios geométricos, y también sobre un mapa de Colón elaborado en la parte occidental. Hay que decir que si la carta de esos países es exacta y válida para los marinos, es igualmente exacta y válida para los siete mares.»

Al parecer, el mapa de Colón al que se refiere el almirante turco fue suministrado por un marinero que había navegado con el ilustre genovés y que fue capturado por Kemal Ris, pariente de Piri Reis.

70

Obviamente, la reacción de los investigadores turcos no se hizo esperar. En aquellos pergaminos del siglo XVI se observaban continentes e islas que no «cuadraban» con la época. ¿Qué se sabía en 1513 de la Antártida y de esa lengua de tierra que dibujó el almirante turco y que enlazaba el cono sur americano con la referida masa antártica? ¿Es que alguien, ignorado hasta esos momentos, había llevado a cabo una exploración del norte de Canadá y de las islas árticas? Para asombro de los geógrafos e historiadores de Estambul, en los mapas de Piri Reis habían sido dibujados ríos, montañas, escollos y bahías inexplorados en esas fechas, así como los perfiles de las costas europeas, americanas, africanas, árticas y antárticas. Las cordilleras aparecían, incluso, con indicaciones de sus relieves. Los ríos, con gruesas líneas. Los arrecifes no visibles, señalados con cruces, y las aguas poco profundas, marcadas con puntos rojos.

Y persuadidos de que estos fragmentos eran dignos de un estudio concienzudo, las autoridades turcas los depositaron en manos del doctor Kahie, de la Universidad de Bonn que, «casualmente», visitaba Estambul en aquellos días. Y en septiembre de 1931 eran «oficialmente» presentados a la comunidad científica europea, en el transcurso del XVIII Congreso de Estudios Orientales, celebrado en la ciudad holandesa de Leyden. Pero, lamentablemente, las investigaciones de Kahie pasaron inadvertidas. Y fue menester aguardar al año 1953 para que los casi olvidados pergaminos de Piri Reis «resucitaran» al mundo de la ciencia y del interés internacional. Todo ocurrió de forma aparentemente casual. Aunque algunas copias circulaban ya desde hacía años por diferentes bibliotecas y museos, en dicha fecha fueron remitidos a la Marina estadounidense, como un regalo de sus colegas turcos. Y la Navy los hizo llegar al Departamento de Hidrografía Naval. Al poco, el singular obsequio —al que, en un principio, no se le prestó excesiva atención— fue sometido al dictamen de un experto cartógrafo: Arlington H. Mallery. Paciente y meticuloso, éste fue a embarcarse en la ardua labor de revisar cada uno de los perfiles de los continentes descritos por el almirante turco. Y lo que a primera vista parecía un conglomerado de despropósitos fue revelándose como una increíble «caja de Pandora». Al explorar los detalles, Mallery observó con estupor cómo los accidentes geográficos dibujados por Piri Reis encajaban con los hoy conocidos, aunque, inexplicablemente, estaban «fuera de sus posiciones correctas». Este extraño «error» fue justificado como una lógica falta de información de los navegantes medievales en lo que a longitudes y latitudes se refiere. Pero, al profundizar en las investigaciones, el científico norteamericano terminó por comprender que en aquellos perfiles parecía latir una desconocida ley matemática. En otras palabras: una pauta o proyección, sabiamente manejada por sus autores. Y Mallery solicitó el concurso de I. Walters, un veterano cartógrafo de la Sección Hidrográfica estadounidense.

Entre ambos hallaron una pauta que les permitió desarrollar y proyectar los planos de Piri Reis sobre un globo terráqueo, sometiéndolos a continuación a la moderna proyección denominada de «Mercator». Y ahí surgieron las grandes sorpresas.

Por ejemplo: los meridianos terrestres habían sido dibujados con excelente precisión. Algo inaudito en el siglo XVI...

Por ejemplo: los mapas de Piri Reis mostraban la «totalidad» del planeta, con «información» detallada sobre macizos montañosos —casos de la Antártida y del norte de América— actualmente cubiertos por los hielos.

Por ejemplo: el almirante turco había «equivocado» el actual estrecho de Drake, sustituyéndolo por una lengua de tierra que unía el cono sur americano con la Antártida. Al comparar los mapas con las modernas fotografías aéreas en infrarrojo, que revelan el perfil submarino de dicha región, se estimó que Piri Reis estaba en lo cierto: ambos continentes habían permanecido unidos por ese estrecho «puente», al menos hasta el final de la última glaciación. Pero esa «circunstancia» se remontaba a unos once mil años...

Por ejemplo: la Antártida aparece «sin hielos» en los mapas turcos. Y sus contornos, montañas y valles coinciden básicamente con lo hoy descubierto bajo el manto helado de casi dos kilómetros. ¿Cómo podía saber Piri Reis de la existencia de la península de Palmer o de la tierra de Maud, por no alargar la cuestión, si dichos parajes no fueron identificados hasta la llegada de la expedición británico-sueco-noruega a la Antártida (1949-1952)?

Por ejemplo: si en 1513 la isla de Cuba presentaba la forma actual, ¿por qué en los mapas de Piri Reis fue dibujada con su extremo occidental básicamente formado por islotes? La solución llegó de la mano del profesor Hapgood: «En tiempos remotos, esa zona de Cuba, en efecto, se hallaba sumergida.»

Y las investigaciones continúan. Y en un futuro es muy posible que los científicos nos sorprendan con nuevos y espectaculares datos. De momento, lo que ya nadie duda es que el almirante turco tuvo acceso a planos, documentos e informaciones con una «base real y rigurosa». Una «documentación», en definitiva, heredada quizá de una humanidad que pobló la Tierra hace miles de años y que —para elaborar mapas como el de Piri Reis— tenía que disfrutar de conocimientos y medios técnicos asombrosos. Entre otros —en palabras del propio Mallery— de la capacidad de volar. Una «humanidad» que, como nos cuenta Platón, pudo ser arrasada «en el transcurso de un día y una noche» y, justamente, hace once mil o doce mil años. Un pueblo que decenas de estudiosos han bautizado como los «atlantes».

Situación de Turquía.

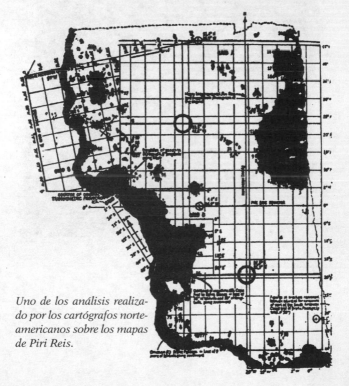

Uno de los análisis realizado por los cartógrafos norteamericanos sobre los mapas de Piri Reis.

El enigmático mapa de Piri Reis.

COSTA RICA: EL TÚNEL
DE LOS «ÍDOLOS»

No voy a negarlo. La Atlántida me ha subyugado durante años. Y como cualquier curioso medianamente informado, estoy convencido de su existencia y de su probable y cataclísmica desaparición. Y acepto —¿por qué no?— la fecha apuntada por Platón: alrededor de once mil o doce mil años. Pero me resisto a entrar en las viejas y manoseadas hipótesis que circulan en torno a la «isla-continente» que, según todos los indicios, podía ocupar el centro del océano Atlántico. Y aunque me dispongo a hablar de ella, lo haré de la mano de «otros enigmas» que, según mi corto conocimiento, podrían estar vinculados a los portentosos conocimientos de los atlantes o ser consecuencia de ellos.

Está bien que aventureros, exploradores y científicos busquen los restos de tan espléndida civilización en los fondos marinos. Pero, mientras ese redondo y definitivo hallazgo no salga a la superficie, ¿por qué no trabajar igualmente en el entorno que presumiblemente quedó bajo el radio de acción de la gran isla?

¿No entra dentro de lo posible que esa dinámica cultura hubiera extendido su poder e influencia a otras muchas tierras y pueblos relativamente cercanos? ¿No podría haber ocurrido que los supervivientes, instalados en las costas americanas, europeas y africanas, fueran los impulsores de tantas y tan magníficas obras como las que adornan uno y otro extremos del Atlántico? ¿Quién no se ha detenido a reflexionar alguna vez sobre la brusca y misteriosa «aparición» de las cuatro primeras dinastías egipcias, rebosantes de sabiduría? ¿Brotaron de la noche a la mañana y de las neolíticas tribus que malvivían en el Nilo? ¿Quién habló del concepto de inmortalidad y enseñó —hace cinco mil años— las técnicas de momificación a los primitivos agricultores-pescadores del norte de Chile? ¿Cómo explicar la presencia en las selvas de Costa Rica —desde hace más de dos mil años— de cientos de pequeñas y gigantescas esferas de piedra, cuya perfección haría palidecer a los canteros más cualificados del siglo xx? ¿Por qué las alineaciones de dichas esferas apuntan a lugares tan remotos como Egipto, Reino Unido, Galápagos o Pascua?

Pero entremos ya en algunos de estos fascinantes enigmas que —insisto— podrían estar «hablándonos en silencio» de un remoto, brillante y común origen.

Y lo haré con otra primicia. Un intrigante y sensacional «hallazgo» que me fue dado compartir con tres excelentes investigadores y mejores amigos: Andreas Faber Kaiser y los hermanos Carlos y Ricardo Vílchez.

Fue una apacible mañana de octubre de 1985, cuando alguien llamó a la puerta de mi habitación en el hotel Irazú, en San José de Costa Rica. En aquellas fechas, yo asistía a un interesante congreso sobre «Los grandes misterios del hombre».

Minutos después, los tres visitantes —cuyo anonimato debo respetar— iniciaban el relato de una larga y enrevesada historia que me dejó atónito y que trataré de simplificar.

Años atrás, una familia costarricense había obtenido una información que modificó el rumbo de sus vidas. En un cerro situado a unos treinta kilómetros de la capital existía un antiquísimo túnel que, muy posiblemente, conducía a un templo o a una ciudad, anteriores a la llegada de los conquistadores españoles. Según los nativos, sobre dicho cerro —amén de un sinfín de leyendas, a cuál más oscura y misteriosa— se observaban con frecuencia poderosas y silenciosas «luces», que parecían «explorar o vigilar» la cima. Y siguiendo las «instrucciones recibidas», estos hombres y mujeres vendieron cuanto poseían, instalándose en la soledad del enigmático cerro. Y allí, en secreto, durante meses, procedieron a la perforación del lugar hasta que, al fin, se vieron recompensados con el descubrimiento de la boca del túnel. Y en un titánico esfuerzo fueron extrayendo las toneladas de tierra y piedras que cegaban la galería, dejando al descubierto un pasadizo que descendía casi en vertical y cuyas paredes —de hasta tres metros— aparecían meticulosamente escuadradas y pulimentadas. Pero lo más asombroso de esta novelesca historia es que, en el transcurso de las excavaciones, la familia había ido encontrando una serie de supuestos «ídolos» de piedra y una «inscripción» cuyo significado ignoraban. Y ansiosos por arrojar algo de luz sobre los crípticos descubrimientos se habían decidido a ponerse en contacto con este humilde investigador que les habla.

Y cargados de buena fe llegaron hasta mí con el mayor de los sigilos y en la compañía de un abultado y enigmático saco que se negaron a abrir hasta que no dieron cumplida cuenta de su narración. El contenido consistía en siete cabezas de piedra, negras, rosadas y blancas, de muy bella factura y de un considerable peso. Todas ellas —según mis confidentes— habían ido apareciendo en el transcurso de los trabajos de «vaciado» de la galería. Parecían representar «hombres», «animales» o una mezcla de ambos. Dos de los «ídolos» me recordaron de inmediato algunos de los «dioses» del antiguo Egipto. ¿Cómo era posible? Nos hallábamos en Costa Rica, a miles de millas del territorio de los faraones...

Y a las pocas horas, tras hacer partícipes del pequeño gran «secreto» a sus compañeros Faber Kaiser y los dos hermanos Vílchez, nos pusimos en camino hacia la región donde se alza el mencionado cerro. Una zona que, siguiendo las recomendaciones de nuestros guías y anfitriones, no puedo desvelar por ahora.

Y efectivamente. En la cumbre, camuflada entre la exuberante vegetación, se abría la entrada del túnel.

A qué ocultarlo. Nuestra sorpresa no tuvo límites. Ante nosotros apareció una desahogada galería que penetraba poco menos que en caída vertical hacia las entrañas de la tierra. Y merced a una sucesión de frágiles escaleras de mano fuimos descendiendo, hasta alcanzar el medio centenar de metros de profundidad. Y examinamos la asombrosa y ciclópea estructura de sus paredes, forjadas a base de inmensos bloques de hasta tres metros de altura, pulcramente trabajados y, en apariencia, escuadrados con idéntica minuciosidad. Pero ¿quién había movido aquellas moles de cientos de toneladas? Y lo más importante: ¿para qué? ¿A qué lugar conducía el túnel? La familia no supo o no quiso responder a ninguno de los interrogantes. La única realidad palpable es que la excavación se hallaba detenida y que semejante construcción tenía que obedecer a un propósito. Pero ¿a cuál?

Por el momento, esto es todo lo que estoy autorizado a revelar.

Situación de Costa Rica.

Momento del ingreso al túnel.

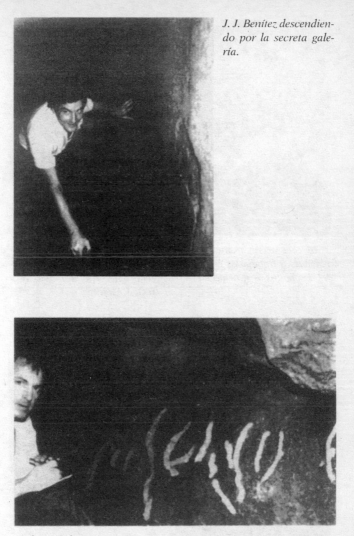

Andreas Faber Kaiser, junto a una enigmática «inscripción» descubierta en una de las paredes del túnel. Los signos, a juicio de los expertos consultados, no corresponden a ninguna de las escrituras mesoamericanas. (Foto: J. J. Benítez.)

¿Con qué «técnica» fueron desplazadas y trabajadas estas moles de cientos de toneladas?

Las paredes del túnel, formadas por inmensos bloques perfectamente encuadrados. (Foto: J. J. Benítez.)

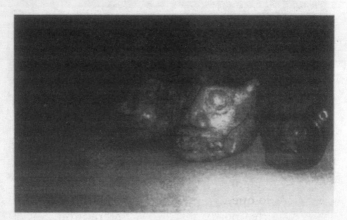

Los extraños «ídolos» encontrados en la excavación. (Foto J. J. Benítez.)

CHILE: LAS MOMIAS MÁS
ANTIGUAS DEL MUNDO

¿Momias más antiguas que las egipcias? ¿En Chile?
Tuve que viajar hasta los laboratorios de antropología y arqueología de la Universidad de Tarapacá, en la ciudad norteña de Arica, para comprobar que las informaciones eran correctas. En los últimos años, en los inmensos arenales que rodean la capital, e incluso en el casco urbano de la misma, han sido «detectadas» más de trescientas. Lamentablemente, sólo unas decenas han llegado a manos de los especialistas. Pero la muestra fue más que suficiente para que el equipo que dirige el profesor Iván Muñoz pudiera analizarla y extraer muy sabrosas conclusiones.

Los restos humanos momificados —pertenecientes a hombres, mujeres y niños— fueron rápidamente fechados, arrojando una antigüedad que oscilaba entre los seis mil y los dos mil años antes de Cristo. Es decir, en algunos casos, muy anteriores a las egipcias. Pero lo que dejó perplejos a los científicos chilenos y norteamericanos que se interesaron por el hallazgo fue la singular técnica de momificación utilizada por aquel remoto y, teóricamente, primitivo pueblo. Un procedimiento que poco o nada tiene que ver con los sistemas del antiguo Egipto. El primer paso consistía en la extracción de las vísceras, la musculatura gruesa y la piel del cadáver que, a continuación, era sometida a un cuidadoso proceso de secado. Y otro tanto se hacía con las cavidades del cuerpo, calentándolas y resecándolas a base de cenizas calientes y brasas. Acto seguido, a fin de proporcionar al difunto una mayor rigidez, las extremidades superiores e inferiores eran perforadas por sendos maderos. Y la totalidad del cuerpo se amarraba con el concurso de fibras vegetales. La segunda fase de la momificación consistía en un meticuloso «remodelado» del individuo. Para ello, las oquedades craneales, torácicas y pélvico-abdominales se rellenaban de arcilla, pieles de auquénidos, cenizas, plumas o restos de vegetales. E inmediatamente se le devolvía la piel, ajustándola a los miembros con notable precisión. Y los «sacerdotes» de esta desconocida «Casa de la Muerte» americana procedían a «modelar» el rostro y los genitales y a colocar sobre el cráneo la correspondiente peluca. Por último, el cadáver era recubierto por una oscura lámina de manganeso o bien por una «pasta» de color ocre, confeccionada a base de óxido de hierro. El «toque» final consistía en la «reconstrucción» de los rasgos faciales del personaje, cuyos ojos, nariz y boca eran simulados mediante cuidadosas incisiones.

Y a la vista de semejantes «conocimientos», uno se pregunta: ¿cómo es posible que este grupo humano —asociado por los arqueólogos al «complejo cultural de Chinchorro»—, integrado por primitivos pescadores y recolectores de frutos que incluso ignoraban la utilización de la cerámica, pudiera estar en posesión de unas técnicas artificiales de momificación, únicas en el mundo? ¿Casualidad? ¿«Ciencia infusa»? Para los antropólogos no hay respuesta. Sencillamente, «no saben». Pero el «problema», además, entraña otro no menos oscuro enigma: si aquellos hombres de hace seis mil años practicaban la momificación era porque «sabían o creían en la existencia de una vida después de la muerte». Y estaban tan seguros de ello que no dudaban en «preparar» a sus difuntos para el «más allá». Y una nueva duda aparece ante el investigador: «¿Quién pudo hablarles de tan hermosa y esperanzadora trascendentalidad?» Más aún: «¿Quién les "adiestró" en semejante "técnica"?»

Como decía el Maestro, «quien tenga oídos, que oiga...».

Momias chilenas: grupo familiar. (Foto: J. J. Benítez.)

Las momias desenterradas en Arica son las más antiguas del mundo: seis mil años. (Foto: J. J. Benítez.)

¿Quién enseñó a los primitivos pobladores de la costa norte chilena estas técnicas de momificación? (Foto: J. J. Benítez.)

Bernardo Tomás Arriaza, antropólogo físico que trabaja en el estudio de las asombrosas momias chilenas. Hasta el momento ha sido desenterrado alrededor de un centenar, aunque se sospecha que la totalidad de los enterramientos puede ascender a trescientos.
(Foto: J. J. Benítez.)

LAS ESFERAS «DEL CIELO»

De entre los enigmas que la Providencia ha tenido a bien situar en mi camino a lo largo de las costas americanas, recuerdo uno cuya naturaleza tiene «maniatada» a la ciencia oficial. Todos los intentos de explicación han fallado. Y, sin querer, uno termina desembocando en esa aparentemente «loca» idea de una civilización remota e ignorada —¿la Atlántida?— que pudo extender su sabiduría por las orillas del océano que la devoró.

Una cosa es leer sobre ellas y contemplarlas en fotografías y otra muy distinta examinarlas y tocarlas. Porque las increíbles esferas de piedra de las selvas del sur de Costa Rica son todo un reto a la lógica y a la imaginación humanas. He tenido la fortuna de caminar por la espesa jungla que cubre el delta del Diquís y la región de Palmar Sur y me faltan las palabras. Son centenares —algunos hablan de miles— las «bolas», como gustan llamarlas los nativos, que se hallan repartidas por las plantaciones de bananeros, por las orillas de los ríos, por las llanuras y hasta en lo más alto de las colinas. Esferas generalmente de granito, aunque también las hay de basalto y de hule, de todas las medidas y de una perfección que hace enmudecer. Esferas que oscilan entre las tres y cuatro pulgadas (alrededor de nueve a doce centímetros) y los tres metros de diámetro. Esferas «del cielo», según las viejas leyendas, que, en el caso de las más voluminosas, superan las dieciséis toneladas. Esferas, insisto, cuyo tallado —pulcro, meticuloso y milimétrico— no parece obra de manos humanas, sino de fantásticas «máquinas».

Lamentablemente, nada sabemos de sus constructores y de su verdadera finalidad. Han sido halladas formando grupos —los más nutridos de cuarenta y cinco y sesenta esferas, respectivamente— y también en solitario. Las primeras noticias «oficiales» que dan cuenta de su existencia proceden de George P. Chittenden, quien, en 1930, al explorar la selva por cuenta de la multinacional United Fruit Company, fue a tropezar con muchas de estas enigmáticas «bolas». Chittenden comunicó el hallazgo a la doctora Doris Stone quien, en 1940 y 1941, tuvo el acierto de trasladarse al delta, procediendo a su estudio y, lo que es más importante, al levantamiento de planos con la ubicación original de algunas de estas esferas. En 1943 publicaría sus primeros informes, aportando mapas de cinco emplazamientos en los que se alzaban cuarenta y cuatro «bolas» y suministrando datos sobre otros ejemplares localizados en las proximidades del pueblo de Uvita y en las orillas del río Esquina. A partir de esas fechas, otros arqueólogos e investigadores —entre los que destacan Mason y Samuel K. Lothrop, de la Universidad de Harvard— se adentraron también en las selvas, con el loable propósito de desvelar el misterio. Pero el «progreso» había empezado una triste y desoladora labor de destrucción. Las compañías bananeras —en especial la United Fruit— arrasaron bosques y campiñas, sepultando, removiendo o destruyendo con sus máquinas decenas y decenas de aquellas esferas. Las protestas de los arqueólogos no prosperaron. Los intereses económicos de las multinacionales prevalecieron por encima de sus demandas y la humanidad se vio privada en buena medida de uno de sus más codiciados tesoros histórico-culturales. Muchas de las «bolas», arrancadas de la jungla y de los campos, fueron transportadas a pueblos y ciudades y colocadas en plazas, jardines y propiedades o edificios particulares como piezas ornamentales. Esta serie de desgraciadas actuaciones humanas ha significado un duro golpe al posible esclarecimiento del enigma. Al moverlas de sus lugares originales se ha malogrado la posibilidad de interpretarlas en su conjunto. Todos los especialistas a quienes consulté se muestran de acuerdo: «Las alineaciones detectadas entre las esferas podrían haber arrojado mucha luz respecto a su finalidad y razón de ser.» Pero, aun así, no todo está perdido. Gracias a los providenciales mapas de la doctora Stone y de Lothrop y a las actuales exploraciones y cálculos de Ivar Zapp, un ingeniero afincado en San José de Costa Rica, algunas de las primitivas alineaciones han podido ser rescatadas y analizadas, ofreciéndonos una fascinante hipótesis de trabajo que trataré de sintetizar.

De acuerdo con las mediciones efectuadas por el mencionado profesor de la Universidad de Harvard en uno de los conjuntos que permanecía inalterado, varias de las esferas parecían «marcar» rumbos marinos. Unas «señalaban» hacia el nordeste y las otras en dirección opuesta: hacia el sudoeste. Al llevar al mapa esta última alineación, los investigadores observaron con asombro cómo la línea trazada pasaba sobre las islas de Cocos, Galápagos y Pascua. Esta desconcertante «pista» animó a los estudiosos a probar con otras alineaciones. Y las sorpresas se multiplicaron. Las «bolas» apuntaban con precisión hacia destinos tan remotos como Grecia, Asia Menor, Reino Unido y Egipto entre otros.

Pero no satisfechos con estos resultados, Ivar Zapp y su entusiasta equipo sometieron una de estas «direcciones» (199 grados) al dictamen de la computadora de a bordo de uno de los aviones de la compañía Lacsa. Al suministrarle los datos —latitud y longitud de Palmar Sur, donde fue hallado el conjunto de esferas; dirección marcada por la alineación, equivalente en este caso al «rumbo de despegue» (199 grados) y las correspondientes coordenadas de las islas ya mencionadas: Cocos, Galápagos y Pascua— el ordenador vino a ratificar lo ya sabido: los hipotéticos «navegantes» habrían alcanzado Rapa-Nui con un error de setenta kilómetros. Entraba, pues, dentro de lo posible que estos cientos o miles de «bolas» de piedra fueran el reflejo y la constatación de toda una sabiduría relacionada con la navegación oceánica. Y los interrogantes, una vez más, se empujan unos a otros. Si esto es así, ¿quiénes fueron los constructores? ¿A qué época debemos remontarnos? Por el momento no hay respuestas.

Algunos arqueólogos han tratado de solventar la incógnita, asociando la antigüedad de las esferas con los restos de cerámica desenterrados en sus proximidades. De esta forma, siguiendo tan poco fiable método, han llegado a insinuar que pudieron ser fabricadas hacia el siglo XVI. Pero la hipótesis en cuestión «tropieza» con varios y serios inconvenientes. Por ejemplo: ninguno de los cronistas y conquistadores españoles de esa época hacen alusión a los hipotéticos «constructores de esferas». De haber tenido noticia de tan magnífica labor, hombres como Vázquez de Coronado, Gil González Dávila o Perafan de Rivera lo hubieran mencionado con toda seguridad.

Por otra parte, como pude constatar en una de mis correrías por la selva, muchas de estas «bolas» se encuentran actualmente sepultadas. Es posible que la acción de la naturaleza —inundaciones, seísmos, etc.— haya originado numerosos enterramientos. Otros, en cambio, tienen un origen muy diferente. Con toda probabilidad, el enorme peso de las esferas ha provocado el lento pero irremediable hundimiento de las inmensas masas de granito en el húmedo y esponjoso suelo arcilloso. Y según los investigadores, ese hundimiento se registra a razón de un milímetro por año. Si tenemos en cuenta que algunas de las «bolas» sacadas a la luz miden más de dos metros de diámetro, ello nos sitúa a una distancia de veinte siglos, como mínimo... Y lo cierto es que la antigüedad de las mismas debe ser tan dilatada que ni siquiera ha permanecido en la mitología y en la memoria colectiva de los pueblos autóctonos de la región. Cuando se refieren a ellas, los nativos las recuerdan como «algo» ancestral y «directamente vinculado a los cielos». Pero eso es todo. Y, como siempre, la arqueología ortodoxa ha despachado la cuestión, atribuyendo su origen a un «desconocido ritual mágico-religioso». Una explicación que lo dice todo y no dice nada...

Otros arqueólogos —como los profesores Carlos Aguilar y Vicente Guerrero— han tenido la humildad y sensatez de reconocer que «no saben y no consiguen explicarse el origen y la finalidad de las mismas». Simple y llanamente, son un misterio.

95

Porque, si desconocida es la técnica de ejecución de tan descomunales y perfectas «bolas», más aún lo es el sistema utilizado para su desplazamiento. No podemos olvidar que las canteras se hallan a decenas de kilómetros de los lugares donde han ido apareciendo. Y aunque se trate de esferas, su circulación por la jungla, salvando ríos, quebradas y pantanos, hubiera resultado harto comprometida. ¿Y qué decir de las ubicadas en las cimas de las colinas? Los razonamientos de algunos arqueólogos no se apoyan en bases lógicas y racionales. Para estos científicos, el «transporte» de las esferas era un problema de «años y mano de obra». Pero ¿cómo mover una mole de dieciséis toneladas a lo largo de cincuenta kilómetros, sorteando toda clase de accidentes geográficos y sin que la superficie resulte dañada? Según los arqueólogos e investigadores que han trabajado cerca de ellas, su esfericidad es tan exacta que, en ocasiones, para obtener las medidas, se han visto obligados a recurrir a las computadoras... Y, curiosamente, según todos los análisis, cuanto mayor es la «bola», más precisas son las dimensiones y más suave y pulida aparece la superficie.

Pero el gran enigma de las esferas de piedra se extiende también hasta otros lugares de América. Ejemplares parecidos a los de Costa Rica han sido descubiertos en Brasil, en el estado de Veracruz (México), en Panamá y en las montañas de Guatemala. Todas ellas —curiosa y sospechosamente—, en áreas que pudieron caer bajo la influencia de esa remota, ignorada y adelantada «humanidad»...

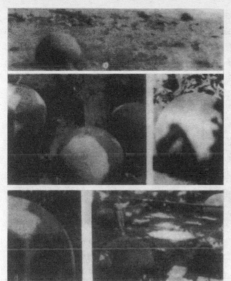

Esferas de piedras descubiertas en los años cuarenta en la región de Camaronal. También existen, por cientos, en la cuenca y delta del río Terraba, en el llano de Uvita, Pejibaye de Pérez Zeledón y en la isla del Caño, en Costa Rica.

Algunas de las esferas fueron abiertas y destruidas, a causa de una vieja y absurda creencia, según la cual había oro en su interior. (Foto: J. J. Benítez.)

Ivar Zapp (a la izquierda), junto al también investigador Ricardo Vílchez, después de la fatigosa labor de desenterrar una de las gigantescas esferas en la jungla de Palma Sur. (Foto: J. J. Benítez.)

El arqueólogo Carlos Aguilar junto a una de las «bolas» de piedra que fue trasladada a la capital de Costa Rica.

J. J. Benítez entre algunas de las increíbles esferas emplazadas en los jardines públicos de San José.

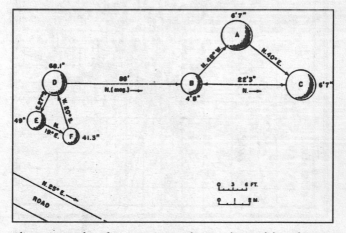

Alineaciones de esferas según estudios y planos del profesor K. Lothrop. Las «bolas» marcadas con las letras «E» y «F» señalan rumbos de 19 grados (NE) y 199 grados (SO). Siguiendo las estrellas fijadas en dicha ruta sudoeste, los hipotéticos navegantes habrían alcanzado las islas de Cocos (Costa Rica), Galápagos (Ecuador) y Pascua (Chile). Por su parte, las correspondientes a las letras «D» y «F» estarían «alineadas» hacia Grecia y Asia Menor (70 grados) y, en dirección contraria, hacia Tahití (250 grados).

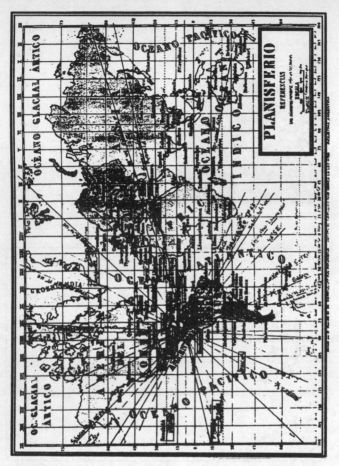

Mapa elaborado por el investigador Ivar Zapp, siguiendo las alineaciones marcadas por las esferas de Costa Rica.

BERMUDAS: LA «OTRA REALIDAD»

Hay quien defiende que la «humanidad» que pobló la Atlántida existe todavía. Y la sitúan en las profundidades del océano. Allí —dicen— ha podido sobrevivir en secreto y merced a su extraordinario grado de desarrollo tecnológico. Y según esta hipótesis, habría que responsabilizar a los ocultos atlantes del millar largo de desapariciones de barcos y aviones, registradas en el tristemente célebre «triángulo mortal de las Bermudas» desde el siglo XIX. Y aunque todo es posible en esta fascinante «galaxia insólita», personalmente me cuesta trabajo comulgar con semejante proyecto. En lo que sí estoy de acuerdo es en el carácter misterioso de esa esquina del Atlántico. Nadie mínimamente documentado pone en duda las mencionadas desapariciones. Y aunque muchas de ellas hayan podido tener un origen perfectamente explicable, otras, en cambio, siguen envueltas en oscuras circunstancias.

He volado y navegado entre Florida, Puerto Rico y Bermudas en numerosas oportunidades. Y en una de esas ocasiones, en la compañía de mi compadre

Fernando Múgica, pude comprobar cómo se alteraban los instrumentos de navegación del pequeño avión que nos trasladaba a las islas Vírgenes. Afortunadamente el «enloquecimiento» de las brújulas, horizontes y demás instrumental fue cuestión de minutos. Otros pilotos, en cambio, han corrido peor suerte. Y los que han logrado escapar de tan diabólico enigma —nadie sabe cómo ni por qué— cuentan prácticamente lo mismo: «El cielo cambió de color..., todo a nuestro alrededor era brumoso y amarillento..., los compases giraban sin control..., en mitad de la tormenta se escuchaba un alarido estremecedor..., los relojes se atrasaron..., alguien o algo muy poderoso tiraba de nosotros.»

Y con los buques sucede «algo» parecido. En 1982, por citar uno de los muchos ejemplos constatados, el barco ruso de investigación científica *Vitiaz*, que navegaba por el citado «triángulo mortal», fue víctima de unos sucesos incomprensibles. Según la meteoróloga Jurate Mikolaiunene, «nada más penetrar en la zona, el barómetro descendió con rapidez, a pesar de la aparente calma del mar. Acto seguido, la tripulación empezó a quejarse de intensos dolores de cabeza, vómitos y náuseas desgarradoras. A la mañana siguiente, el radiotelegrafista fue encontrado inconsciente en su camarote. Al dirigirnos a las islas Bermudas, a fin de hospitalizar al tripulante, en mitad del océano apareció "algo" increíble: una especie de "ciudad", con enormes edificios y en la que la gente desplegaba una febril actividad...».

Para los investigadores más comedidos y prudentes, esta suerte de hechos absurdos, visiones, nieblas y tormentas en mitad de un océano en calma podrían tener su origen en un súbito y, por supuesto, inexplicable «cambio de dimensión». Por razones que ignoramos, en esa región del mundo estaríamos asistiendo a un fluctuante fenómeno en el que hombres y máquinas pasarían de la realidad visible y cotidiana a otra —tan física y real como la nuestra— que sólo en determinados momentos y circunstancias se hace relativamente «tangible». Un misterio, en definitiva, que sólo el futuro dominio del «espacio-tiempo» podrá aclarar.

Posible ubicación de la isla-continente y sus hipotéticas áreas de influencia a uno y otro lado del Atlántico.

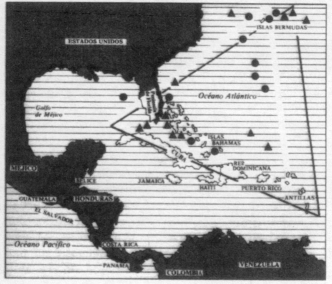

El «triángulo mortal» de las Bermudas. Señaladas con círculos, las principales zonas donde se han producido desapariciones de aviones. Los triángulos marcan los lugares en los que se han «esfumado» más de seiscientos barcos en los últimos cien años.

ICA: LA «BESTIA NEGRA»
DE LA CIENCIA

Parece un contrasentido. Y es lógico y natural que
las ciencias que se esfuerzan por indagar en el pasado
del hombre se muestren «nerviosas». Mientras la antropología sitúa la aparición de la llamada «especie
bípeda» en unos cuatro millones de años, algunos de
los enigmas vienen a cuestionar tan sesudos cálculos.
Y yo me planteo: ¿no puede ocurrir que todos tengan
razón? Los estudios e investigaciones de los científicos no dejan lugar a dudas: «nuestra humanidad»
—la que conocemos (?)— es rabiosamente «joven».
Basta echar una ojeada a la cronología de los más
destacados descubrimientos para comprobar que, com-
parativamente con las edades geológicas, apenas si
hemos «empezado a caminar». Se cree, por ejemplo,
que el uso del fuego fue «descubierto» hace quinientos mil años. En cuanto a la rueda como medio de
transporte, su utilización se remonta a tres mil quinientos años. Los primeros cálculos conocidos que
hablan de la distancia a la Luna datan del 150 antes
de Cristo. Los modestos anteojos surgen en 1249 y

sólo a partir de 1609 el ser humano está en disposición de contemplar la Luna a través de un telescopio. ¿Y qué decir de las modestas «cerillas»? Fue menester esperar hasta 1831 para que un químico francés las «inventara»...

¿Para qué seguir? En ocasiones, la soberbia intelectual y el engreimiento de «esta civilización» resultan conmovedores. ¿Qué pueden representar unos miles de años de supuesta «cultura» frente a los cientos de millones de lustros de un pasado ignoto? ¿Quién está en condiciones de demostrar que la Tierra «sólo» ha visto prosperar a una única humanidad? Que la ciencia no lo acepte no significa que no hayan existido otros «pueblos», tan remotos como «humanos». Y a decir verdad, los «vestigios» están ahí. Cuestión muy diferente es que los científicos los ignoren o desprecien... En otro orden de cosas, ¿no sucedió lo mismo con la esfericidad de la Tierra o con la explicación racional de los meteoritos? Estos últimos, como se recordará, no fueron aceptados por la ciencia oficial hasta el año 1794...

Uno de esos «increíbles y misteriosos» vestigios apareció a principios de los años sesenta en un desierto peruano: Ocucaje, en las proximidades de la ciudad de Ica. Cuando en 1974 visité por primera vez la casa-museo del doctor Javier Cabrera Darquea, gran impulsor de este descubrimiento, mis dudas fueron inmensas. A lo largo de varios años, unos pocos y humildes campesinos habían ido proporcionándole un sinfín de piedras grabadas con las más asombrosas escenas: cacerías de animales antediluvianos, supuestos «trasplantes» de órganos, «operaciones quirúrgicas» de toda índole, «hombres» que volaban a lomos de enigmáticos y gigantescos «pájaros», masas continentales que poco o nada tenían que ver con las hoy conocidas, planos celestes y un largo etcétera.

No aburriré al lector con una descripción de dichas «secuencias». La bibliografía sobre la famosa «biblioteca de piedra» es abundantísima. Mi primer libro, «casualmente», fue dedicado a esa anónima, fascinante y —según la ciencia— imposible «humanidad».[1] Porque, de haber existido, tendríamos que remontarnos al período Cretácico, al final de la Era Secundaria. Es decir, a más de sesenta y cinco millones de años. Sólo así «encajarían las piezas». La paleontología no acepta el «matrimonio» seres humanos-dinosaurios. Y, sin embargo, esta supuesta «aberración» se repite una y otra vez en las piedras de Ica. Y para Javier Cabrera no cabe la menor duda de que tal convivencia pudo ser real. Pero esto, obviamente, nos llevaría a aceptar la existencia de una «humanidad» muy anterior a la nuestra. ¿Y por qué no? ¿Es que las once mil rocas grabadas que ha logrado reunir el investigador peruano son una falsificación? Los análisis efectuados sobre la pátina que las cubre y las piedras encontradas en los enterramientos precolombinos demuestran que no. Pero hay más. En los últimos años, una serie de hallazgos —ajenos a la «biblioteca» propiamente dicha— han hecho buenas algunas de las «escandalosas» aseveraciones de Javier Cabrera. Recuerdo que fui testigo de varias de estas hipótesis, allá por los años 1974 y 1975. Por aquel entonces, basándose en la «información» grabada en las piedras, el doctor Cabrera anunció que la hormona antirrechazo, vital para los trasplantes, debería buscarse en los fluidos de la mujer

[1] Ver *Existió otra humanidad.* (J. J. Benítez. Editado en esta misma colección.)

embarazada. Curioso: nadie tomó en consideración sus palabras. Seis años más tarde, en 1980, un equipo de médicos ingleses llegaba a idéntica conclusión...

Y otro tanto ocurriría con la extinción de los dinosaurios. Cabrera había «leído» en las piedras que la violenta y rápida desaparición de estos monstruos pudo deberse a la caída de un enorme asteroide o, quizá, al choque de un cometa. En mi libro *Existió otra humanidad* (1975) se recogen estas «proféticas» palabras... Años después, todo un premio Nobel norteamericano —al que me referiré más adelante— lanzaba al mundo y a la comunidad científica esta misma y plausible teoría.

Cabrera también se pronunció sobre la existencia de «dos lunas» en torno a la Tierra. Así aparecen, con toda nitidez, en muchas de las piedras grabadas. Y lo que todavía no sabe mi buen amigo Javier Cabrera es que, en 1990, cuando trabajaba en una serie de investigaciones a lo largo de la cordillera de los Andes, fui a tropezar con varias y antiquísimas «leyendas» en las que, justamente, se menciona a una remota civilización integrada por «hombres de corta estatura y grandes cráneos» que tuvieron que refugiarse en las cavernas del altiplano como consecuencia de la caída de una de las dos lunas que giraban entonces alrededor del planeta.

¿Y cómo explicar la presencia, en los «mapamundis» de la «biblioteca» de Ocucaje, de la lengua de tierra que unía en la antigüedad los continentes sudamericano y antártico? ¿Es que los supuestos «falsificadores» tuvieron acceso a los ya mencionados mapas de Piri Reis y a las fotografías aéreas infrarrojas de Estados Unidos? ¿Unos humildísimos y prácticamente analfabetos campesinos?

En 1985, en una de mis últimas conversaciones

con Javier Cabrera, el tenaz médico fue a mostrarme y regalarme «algo» que constituía uno de sus postreros hallazgos: los restos fosilizados de un ser humano. Unos restos óseos que habían sido hallados en el mismo estrato geológico en los que reposan decenas de dinosaurios igualmente petrificados. Y ambos restos —los del «hombre» y los de los animales antediluvianos— han aparecido en un paraje cuyo nombre lo dice todo: Ocucaje. Pero la ciencia, como era de esperar, se ha encogido de hombros...

Situación de Ocucaje (Perú).

Una de las piedras grabadas encontradas por Santiago Agurto en una tumba precolombina, al sur de Ica. (Foto: J. J. Benítez.)

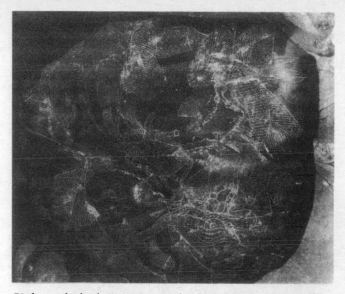

Piedra grabada de Ica, mostrando una «operación quirúrgica».
(Foto: Fernando Múgica.)

El médico Javier Cabrera, mostrando parte de los restos óseos fosilizados de un «hombre» que, en su opinión, convivió con los dinosaurios. (J. J. Benítez.)

Otra de las sorprendentes piedras de Ica. El continente sudameri-
cano aparece «unido» a la Antártida por una lengua de tierra. A la
izquierda, el mítico y desaparecido continente Mu. Si estas pie-
dras son auténticas estaríamos ante una «humanidad» que vivió
hace millones de años. (Foto: J. J. Benítez.)

ARGENTINA:
¿UN FETO HUMANO PETRIFICADO?

El revolucionario hallazgo del doctor Cabrera no ha sido el único. En 1966, en ese mismo continente, un minero fue protagonista de otro singular descubrimiento. Sucedió en las estribaciones del Nevado de Cachi, en la provincia argentina de Salta. Ricardo Liendro marchaba con su mulo cuando se sintió atraído por una extraña roca. La tomó en sus manos y, al examinarla, se le escurrió de entre los dedos, precipitándose contra el suelo. Se abrió en dos mitades y en su interior apareció una pequeña figura —en piedra—, que guardaba un extraordinario parecido con un feto humano.

La pieza fue sometida al dictamen de los médicos. Y todos llegaron a la misma conclusión: se trataba, en efecto, de un feto humano, pero petrificado. En otras palabras: un feto cuya edad podía oscilar alrededor de los dos millones de años. ¿Cómo era posible? Según la paleontología, la irrupción del hombre en América se remonta a unos cuarenta mil años como máximo. ¿Se trataba, quizá, de un error? El informe de ginecólogos y anatomistas no deja lugar a dudas. He aquí algunas de sus conclusiones:

> ... Al examen visual, la pieza mencionada da la impresión, sin posibilidad de equivocación, de que se trata de los restos petrificados de un feto humano, de una edad próxima a los cuatro o cinco meses. El contenido de esta cavidad petrificada, que se abre espontáneamente, presenta, de arriba hacia abajo, un polo de longitud aproximada de seis centímetros, redondeados y con las características de ser el polo cefálico (cabeza del feto), notándose muy claramente en la parte inferior de este polo una hendidura representante del cuello e, inmediatamente por debajo de la misma, una prominencia: el hombro izquierdo. Hacia abajo de esta prominencia, una superficie rectangular, el dorso del feto; continuando esta superficie encontramos más abajo otra prominencia redondeada que sería la nalga izquierda, terminando ésta en otra prominencia igualmente redondeada (la rodilla izquierda) y naciendo de ésta y en dirección hacia abajo, la pierna del mismo lado, terminando hacia abajo en una prominencia que representa el pie del mismo lado.
>
> La actitud del feto —en flexión— es característica del ser humano. Adherido al vientre y también al miembro inferior se aprecia un disco con las características del órgano denominado placenta, con un borde circular y dos caras: una externa (a la vista) y la otra unida al vientre y al citado miembro inferior.
>
> Se aprecia también la existencia de un gran número de crestas y surcos con unas direcciones características y propias de las arterias y venas de la placenta en su trayecto hacia el cordón umbilical.
>
> Hacia el costado derecho del feto, a nivel de borde, se nota una prominencia de un centímetro y medio de longitud, con dos bordes (uno convexo y otro

cóncavo) que denuncian la presencia de cortes de un segmento del referido cordón umbilical.

Entre el vientre y la placenta se advierten una serie de abultamientos que podrían ser miembros.

Llama poderosamente la atención la forma de la cavidad petrificada —ovoide—, típica de la matriz humana cuando contiene el feto.

Dada la conservación de la forma y las características anteriormente detalladas, es factible que la petrificación se produjese cuando el feto se hallaba contenido en la matriz...

Y si en verdad nos encontramos ante los restos petrificados de un ser humano —con una antigüedad próxima a los dos millones de años—, ¿a qué conclusión podemos llegar? Obviamente, a la ya mencionada: la ciencia oficial debería revisar sus rígidos parámetros. Nuestra humanidad, con toda probabilidad, no ha sido la primera y —quién sabe—, quizá no sea la última... Si en los inescrutables designios de la Providencia figura el total exterminio de la actual raza humana, y si en un lejano futuro apareciera sobre el planeta una nueva forma de vida inteligente, ¿qué clase de «vestigios» delatarían nuestra pasada existencia? Si el margen de tiempo entre una y otra «humanidades» fuera de 65 millones de años —por citar el caso de las piedras de Ica—, ¿qué elementos podrían soportar el natural deterioro? En principio, sólo uno: las rocas y los restos petrificados.

Situación de Argentina.

¿Feto humano petrificado en el interior de una roca? Su antigüedad se remonta a unos dos millones de años. (Foto: G. Jordana.)

EL ENIGMA
DE LOS «HOMBRES ALADOS»

En ocasiones no es preciso sufrir las incomodidades o los peligros de una jungla, de una cordillera o de un desierto para descubrir el rastro de un misterio. A veces, como me ha ocurrido en media docena de oportunidades, uno «tropieza» con los enigmas en los lugares y momentos más insospechados. Bien en un museo, bien a través del estudio de la obra o del pensamiento humanos o, sencillamente, a lo largo de una inocente y «casual» conversación. Sirva como ejemplo lo acaecido en el Museo Antropológico Tello, en la ciudad de Lima.

Es una de mis visitas al Perú —allá por los años setenta—, enfrascado en la investigación de las célebres «pistas y dibujos» de la pampa nazqueña, me vi en la siempre agradable necesidad de revisar el patrimonio artístico depositado en los museos. Y, de pronto, en una de las vitrinas surgió la sorpresa: una insólita colección de «huacos» o pequeñas figuras de cerámica que representaban a otros tantos «hombres alados». De acuerdo con los rótulos explicativos que los acompañaban, las piezas en cuestión pertenecían a las culturas de Paracas, Nazca y Tiahuanaco. Allí, al menos, habían sido halladas. Y según los arqueólogos, su antigüedad podía ser estimada en unos setecientos o mil años antes de Cristo.

¿Hombres provistos de alas? La respuesta de la ciencia oficial —como era de esperar— fue tan nebulosa como vacía: «Podría tratarse de una manifestación mitológico-religiosa.» Lo curioso es que, en aquellas vitrinas, junto a los policromados «seres alados», eran exhibidos otros «huacos» —pertenecientes a las mismas culturas— que reproducían, con idéntica perfección y fidelidad, las más variadas escenas familiares, de caza y pesca, religiosas y festivas. La conclusión era obvia: esa «fidelidad» a la hora de representar las costumbres y trabajos de aquellos pueblos precolombinos no podía ser estimada para una parte de los «huacos», sino para la totalidad. Si las civilizaciones de Nazca, Paracas o Tiahuanaco se habían tomado la molestia de «inmortalizar» a unos hombres «provistos de alas» es porque, sencillamente, formaban parte de su «bagaje» histórico-cultural o del pulso diario de sus vidas. Aquellos pueblos, necesariamente, «sabían de otros hombres que disfrutaban de la capacidad de volar». Y quién sabe si trataron de imitarlos. De lo que no cabe la menor duda es de que tales anhelos, pretensiones o conocimientos terminaron por ser plasmados en forma artística: la más noble expresión de la inquietud humana.

¿Y no resulta harto «sospechoso» que semejantes figuras hayan aparecido en los «escenarios» donde permanecen los gigantescos y enigmáticos «dibujos», sólo visibles «desde lo alto»?

¿Cómo explicar la aparatosa «coincidencia» —en

la misma región— entre unos «hombres alados», representados en arcilla en Nazca, y otros «seres que vuelan a lomos de animales prehistóricos» en la «biblioteca lítica» de Ica?

Expertos dibujantes del Ejército del Aire peruano han trasladado al papel los grabados y altorrelieves contenidos en numerosas piedras de Ica. En ellos aparecen «hombres» que vuelan a lomos de reptiles prehistóricos.

Dibujo-desarrollo de una de las sesenta piedras grabadas de Ica, cedidas por Javier Cabrera al Museo Aeronáutico de Lima.

¿Qué misteriosa línea común vincula la «biblioteca» de piedra de Ocucaje, los «dibujos» de la pampa de Nazca y los «hombres-alados» de las culturas de Paracas, Nazca y Tiahuanaco?

ESTADOS UNIDOS:
LA GRAN CATÁSTROFE DE HACE
SESENTA Y CINCO MILLONES DE AÑOS

Grabé sus palabras en septiembre de 1974. Así consta en mis archivos. Y así fue publicado en los periódicos a lo largo de aquel otoño. El solitario investigador de las piedras de Ica fue mostrándome algunas de las «escenas» grabadas en las enormes rocas desenterradas en el desierto de Ocucaje y sentenció sin titubeos: «Aquella humanidad, y también los animales antediluvianos que compartían la Tierra con ella, fueron aniquilados hace sesenta y cinco millones de años. ¿La causa? Una violentísima devastación, provocada por la caída de un asteroide o, quizá, de una de las lunas que giraban entonces en torno al planeta...»

Y durante años, la hipótesis de Javier Cabrera Darquea sólo fue eso: una fantástica especulación que hizo sonreír burlonamente a los científicos ortodoxos. Pero, he aquí que, en 1980, y después de arduos y prolongados estudios, un equipo de investigadores de la Universidad de Berkeley, en California, capitaneados por Luis Walter Álvarez, Helen V. Mi-

121

chel y Frank Asaro, conmocionó al mundo con una tesis prácticamente similar: «La extinción de los dinosaurios y de casi la mitad de la vida existente en la Tierra hace sesenta y cinco millones de años pudieron deberse a la caída de un enorme meteorito y a los efectos secundarios químico-climáticos que se derivaron del impacto y que afectaron a la biosfera terrestre.»

Me faltó tiempo para entrar en contacto con Luis W. Álvarez, premio Nobel de Física en 1968. Y en junio de 1980 recibía un completo dossier sobre lo descubierto hasta esos momentos por el mencionado equipo norteamericano.

Ninguno de los científicos que trabajaron, y siguen colaborando, en este proyecto conocía la «biblioteca» de piedra del Perú. Sus motivaciones obedecían a planteamientos muy diferentes. Y, sin embargo, como veremos, siguiendo unas pautas experimentales y sujetas al más estricto rigor científico, desembocaron en las mismas conclusiones que defendía el médico peruano.

He aquí —sintetizadas y «traducidas» a un lenguaje asequible— las investigaciones y planteamientos más notables de este grupo de físicos, geólogos, químicos y paleontólogos norteamericanos:

1. Los estudios arrancaron con una finalidad tan concreta como diferente a la que se iría perfilando a lo largo de las pesquisas: conocer en cuánto tiempo se había producido la extinción de los célebres dinosaurios. La mayoría de los geólogos y paleontólogos sostenía que la desaparición había obedecido a un proceso lento y gradual. Y para ello se adoptó como «escenario» de los trabajos lo que la ciencia denomina «límite o frontera KT» (de la palabra alemana «Kreide»: Cretácico). Es decir, una discontinuidad

existente entre el citado período Cretácico —en el que los monstruos prehistóricos dominaron la Tierra— y el Terciario, en el que, súbita e inexplicablemente, ese dominio pasó a los mamíferos. Los paleontólogos ya habían intuido «algo» extraño y espectacular. Entre otras razones, porque el registro fósil que aparece en las rocas sedimentarias, en el nivel correspondiente a sesenta y cinco millones de años, presenta esa anómala «discontinuidad». ¿Cómo era posible que ammonites o dinosaurios, abundantísimos durante millones de años, se extinguieran «de la noche a la mañana»? Por otra parte, también los estudios sobre fósiles de polen y de animales marinos unicelulares (foraminíferos) demostraban que la extinción había sido muy brusca. Pero, ¿por qué? He ahí la gran pregunta...

2. Los sucesivos análisis de los terrenos ubicados en esa «frontera KT», tanto en los Apeninos de Umbría como en Zumaya y Caravaca, en España (profesores Ward y Jan Smit), Texas, Dinamarca (acantilado de Stevens Klint), Nueva Zelanda (Woodside Creek), Nuevo México y Montana, entre otros, pusieron de manifiesto con claridad el anormal índice de iridio depositado en dichos sedimentos. Como es sabido, este metal se muestra escaso en la corteza terrestre (a razón de 0,03 partes por mil millones). En el cosmos, sin embargo, su abundancia es muy notable, habiéndose detectado hasta quinientas partes por mil millones en las condritas carbonáceas (un tipo primitivo de litometeorito). Y mediante el sistema de «activación de neutrones» (NAA), los científicos descubrieron con sorpresa cómo ese volumen de iridio se disparaba anormalmente en las «catas» examinadas. En Italia, Dinamarca y Nueva Zelanda alcanzó índices que rebasaban en treinta, ciento sesenta

y veinte veces, respectivamente, los valores habituales. Era evidente que esta gran saturación de iridio no podía proceder de la normal «lluvia» meteórica que recibe el planeta. La única «explicación» racional a la que llegaron los científicos es estremecedora: esa ingente cantidad de iridio tenía que ser el resultado del choque de un formidable asteroide.

3. La hipótesis propuesta por el equipo de la Universidad de California despertó la curiosidad de otros expertos. Y en los últimos años, más de un centenar de científicos, procedentes de veintiún laboratorios y trece países, se han lanzado a la exploración de noventa y cinco lugares ubicados por todo el mundo y que se distinguen como «fronterizos» entre el Cretácico y el Terciario. Los resultados han sido idénticos: el iridio aparece en cantidades desproporcionadas. Pero la «anomalía» ha sido detectada, no sólo en afloramientos de superficie, sino, incluso, en sedimentos marinos. En otras palabras: el suceso tuvo consecuencias mundiales, aunque el impacto propiamente dicho debió de registrarse en el hemisferio norte.

4. Según L. Álvarez y sus colegas, el asteroide que chocó contra la Tierra hace sesenta y cinco millones de años podía presentar un diámetro de seis a catorce kilómetros. Penetraría en la atmósfera a razón de unos veinte a veinticinco kilómetros por segundo, abriendo en ella un «vacío» de otros diez kilómetros. Teniendo en cuenta que la energía cinética del asteroide tuvo que ser equivalente a 10^8 megatones, el cráter originado por la colisión habría alcanzado los cuarenta kilómetros de profundidad por otros cien o doscientos de diámetro. Para que nos hagamos una idea del colosal cataclismo, la explosión fue mil veces superior a la registrada entre el 26 y 27 de agosto de 1883 en el Krakatoa.

5. Lo más probable —aseguran los científicos— es que el asteroide se precipitara sobre el mar. En la actualidad sólo se conocen tres cráteres de cien o más kilómetros, consecuencia quizá de impactos semejantes: dos de ellos en Sudbury y Vredefort y el tercero en Siberia, en Popigay. Pero ninguno corresponde a ese «límite KT». Los primeros son del Precámbrico (de 4.600 a 600 millones de años) y el soviético, mucho más «joven», «sólo» tiene 28,8 millones. Hay, pues, grandes posibilidades de que la inmensa roca sideral chocara con el océano. Y según los especialistas, a juzgar por las proporciones de iridio, el «punto de encuentro» podría localizarse en el Atlántico Norte. Que el inmenso cráter no haya sido localizado es del todo comprensible, debido al movimiento de las placas tectónicas y al hecho de que, en estos sesenta y cinco millones de años, gran parte del océano preterciario ha sido sustraído.

6. Como consecuencia del brutal choque, millones de toneladas de polvo, agua y material meteorítico fueron lanzadas hacia la atmósfera, esparciéndose por el globo terráqueo. Y el día se convirtió en noche. Y por espacio de meses —quizá años—, esa densa capa de polvo y cenizas impidió que la luz del sol llegase hasta la superficie, provocando una especie de «invierno nuclear». La fotosíntesis resultaría anulada o gravemente dañada, afectando a su vez al resto de las cadenas alimenticias. Y la extinción de muchas de las especies fue inevitable. En 1980, en base a estos datos, Richard P. Turco y Brian Toon, de la Administración Nacional de la Aeronáutica y del Espacio, simularon en un ordenador los efectos de una colisión de esta naturaleza. Pues bien, el polvo arrojado al espacio eclipsaría de tal forma la luz solar que, durante meses, los seres humanos no serían ca-

paces de distinguir sus manos, aunque las colocasen a la altura de la cara.

En los océanos, las cadenas alimenticias basadas en plantas microscópicas —como ocurre con las algas productoras de «coccolitos»— correrían idéntica fortuna, extinguiéndose casi en su totalidad. Y otro tanto ocurriría con los seres de niveles superiores: «belemnitas», «amonites» y reptiles marinos. En cuanto a los animales de gran tamaño —herbívoros y carnívoros—, dependientes directa o indirectamente de la vegetación, el caos les conduciría igualmente a una rápida e irremediable desaparición. Según los cálculos de Hans Thierstein y Dale Russel, el cataclismo pudo originar la extinción de casi el 50 por ciento de las especies planctónicas, entre el 15 y el 25 por ciento de la vida existente en las grandes profundidades marinas, alrededor del 14 por ciento de los seres de agua dulce y el 20 por ciento de las especies terrestres. Ningún vertebrado de más de 25 kilos de peso —afirma Russel— pudo sobrevivir a la catástrofe.

7. En opinión de los científicos, este «vuelco» en los sistemas evolutivos de las especies hace sesenta y cinco millones de años permitió el desarrollo y la «prosperidad» de otras formas de vida que —a la larga— condujeron al «nacimiento» del hombre. En suma: si la Naturaleza no hubiera propiciado la desaparición de los dinosaurios, la actual humanidad sería una incógnita...

Como vemos, el investigador de la «biblioteca» de piedra peruana llevaba razón. A no ser —y volvemos al socorrido argumento de los científicos recalcitrantes— que semejante maravilla sólo sea el fruto de una burda falsificación. E insisto una vez más: ¿en qué cabeza cabe que unos indios peruanos —prácticamente analfabetos—, en los años setenta, se «adelanten» a los estudios y conclusiones de la Universidad de Berkeley, publicados en 1980? ¿Con qué objetivo? ¿Para ganar cincuenta soles (alrededor de medio dólar en 1970) por piedra? Según mis cálculos, los altorrelieves de cada una de esas rocas —de varios cientos de kilos de peso— habrían precisado más de seis meses de trabajo... ¿Y por qué plasmar tan interesante «descubrimiento» en unas toscas piedras que —además—, según los nativos de Ocucaje, eran extraídas o desenterradas de algún secreto paraje del desierto? La hipótesis de una falsificación, sencillamente, es insostenible.

Y vuelvo a preguntarme: si las piedras de Ica han «acertado» en lo que a la violenta extinción de los dinosaurios se refiere, ¿no estarán proclamando también la gran verdad de una «humanidad» que convivió con ellos?

Lamentablemente, ante la indiferencia de la ciencia, sólo podemos esperar. Una vez más, será el tiempo —juez último e inexorable— quien conceda o retire la razón...

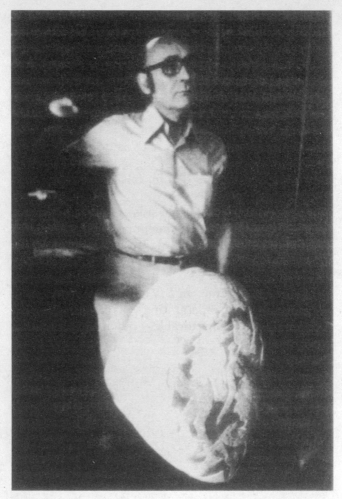

Según Javier Cabrera, en las piedras de Ica han sido identificados trein-
ta y siete tipos de grandes saurios. Otros resultan desconocidos para la
Paleontología. En el grabado, un Stegosaurus, un animal prehistórico
que alcanzaba hasta nueve metros de longitud. En dicha piedra se
muestra el «ciclo biológico» del citado dinosaurio y la forma en que
era destruido por la remota «humanidad» . (Foto: J. J. Benítez.)

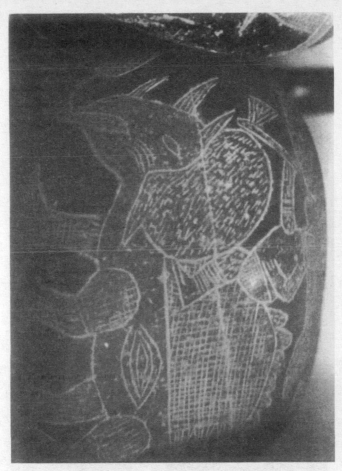

Un Triceratops, *conducido por uno de los seres de la «humanidad»
de las piedras de Ica.* (Foto: J. J. Benítez.)

Dibujo-desarrollo de otro de los animales antediluvianos grabados en la «biblioteca» de Ocucaje: el Styracosaurus.

Canguros en las piedras de Ica Si estos animales jamás vivieron en tierras sudamericanas, la única expliación —afirma el doctor Cabrera— es que fueron grabados como una manifestación más del conocimiento que aquella remota «humanidad» tenía de la totalidad del planeta. (Foto: J. J. Benítez.)

Representación artística del Styracosaurus *y del* Triceratops, *dos de los dinosaurios «cornudos» que aparecen también en los grabados de Ocucaje. (Gentileza de Marshall Editions L.* Enciclopedia de dinosaurios y animales prehistóricos.)

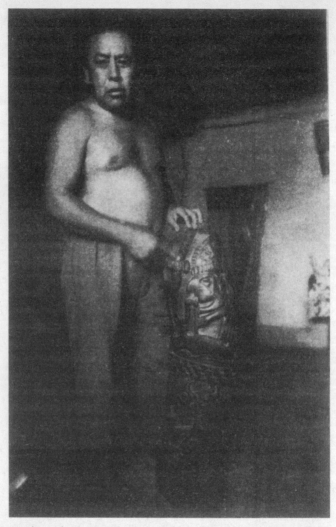

Basilio Uchuya, uno de los humildes campesinos de Ocucaje que ha proporcionado miles de piedras grabadas al doctor Cabrera. Si realmente fuera un falsificador merecería el premio Nobel... (Foto: J. J. Benítez.)

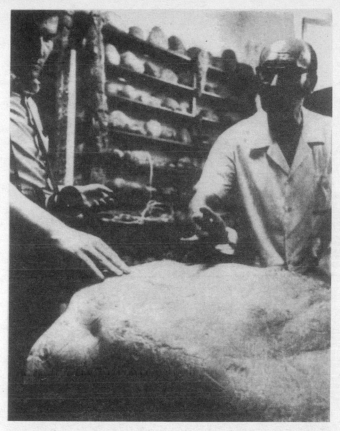

Las «proféticas» palabras de Cabrera fueron grabadas por J. J. Benítez en el otoño de 1974. Seis años después, la ciencia le daría la razón. (Foto: J. J. Benítez.)

LOS «PRIMOS» DE «NESSIE»

Y uno, casi sin querer, saca conclusiones. Aquella apocalíptica destrucción —hace sesenta y cinco millones de años— terminó borrando del mapa a los grandes saurios. Cierto. Pero ¿a todos? ¿No pudo ocurrir que algunas «colonias» quedaran a salvo en los parajes más insospechados? Por ejemplo, en determinados lagos. Esta hipótesis —manejada con frecuencia por los investigadores— podría explicar la enigmática presencia de seres monstruosos, algunos casi mitológicos, en aguas de Escocia, la antigua Unión Soviética, Argentina, China y México, entre otros países. ¿Quién no ha oído hablar de «Nessie», la extraña criatura que, al parecer, se esconde en las fangosas y profundas lagunas que dibujan el canal Caledoniano, en las altas tierras escocesas? Los testimonios sobre el más famoso de los monstruos se remontan al siglo VI. Curiosamente fue un santo quien, en el año 565, dejó la primera referencia conocida del singular animal que habita el lago Ness. Y desde aquel «encuentro» de san Columbano, misionero irlandés que evangelizó Escocia, los «avistamientos»

—por emplear un término ufológico— se cuentan por centenares. Para que nos hagamos una idea, desde finales del siglo XIX hasta nuestros días han sido contabilizadas más de 250 «apariciones» en las aguas y casi una treintena en tierra. Y todas las descripciones de «Nessie» o de los «Nessies» apuntan hacia una familia de animales claramente antediluvianos. Seguramente, un descendiente de un reptil anfibio que logró adaptarse al hábitat de los referidos lagos escoceses. Quién sabe si un «pariente» del «plesiosaurio» o del «ictiosaurio»... Para cualquier investigador mínimamente documentado, la realidad de este escurridizo y poco común animal en el rosario de lagos que separa las Tierras Altas de las Tierras Altas del Noroeste es hoy incuestionable. No voy a extenderme ahora en esos cientos de testimonios, sobradamente conocidos y discutidos. Sí haré mención, de entre las muchas imágenes que circulan sobre «Nessie», de la que estimo como una de las pruebas más interesantes de su existencia: la película captada el 23 de abril de 1960 por T. Dinsdale, un ingeniero aeronáutico, durante su estancia en Foyers, en pleno centro del lago. Las palabras y el filme de Dinsdale son elocuentes: «...Percibí algo en la superficie de las aguas. Parecía una barca boca abajo. Y empezó a moverse, provocando un fuerte oleaje en su zona posterior. Era un animal, de esto estoy seguro. Vi sus aletas y filmé sus movimientos, en claro zigzag. Después se sumergió...»

La película fue analizada y, según la Royal Air Force, no existe la menor duda sobre su autenticidad. En ella se distingue un cuerpo de unos dos metros de ancho, con un lomo que emerge alrededor de un metro y que se desplaza a una velocidad de diecisiete kilómetros por hora. La longitud total del animal fue calculada en unos dieciocho metros. Gracias a este documento se activaron las investigaciones científicas en torno a «Nessie» aunque, por suerte o por desgracia, hasta el día de hoy nadie ha logrado atraparlo. Se tiene, eso sí, un muy preciso «retrato-robot» del monstruo: cabeza achatada, cuello largo y tubular de unos dos metros por treinta centímetros de diámetro, ojos pequeños y brillantes, dos protuberancias —a manera de cuernos— sobre la cabeza, y un cuerpo fusiforme provisto de gibas y aletas.

Pero no era del enigma del lago Ness de lo que quería hablar en el presente capítulo, sino de esos «otros Nessies» —quizá «primos» del escocés—, menos célebres pero igualmente fascinantes y rodeados de toda suerte de leyendas. Otros «monstruos», habitantes también de remotos lagos, que vendrían a fortalecer la teoría de una fauna prehistórica que sobrevivió tras la gran catástrofe de finales del Cretácico.

«Chan» es uno de ellos. Para saber de él es preciso viajar hasta el ya comentado valle de las «Siete Luminarias», en el centro de México. En uno de esos cráteres —el Tallacua—, según una tradición muy anterior a los conquistadores españoles, habita una gigantesca «serpiente de agua», bautizada con el nombre maya de «Chan». Curiosa y sospechosamente, en los redondos y profundos lagos —los «zenotes»— de las selvas del Yucatán, la mitología maya ha plasmado con frecuencia, en el centro de los mismos, una serpiente enroscada —un «chan»—, venerada como una «deidad».

Para los nativos del valle de Santiago, la existencia de esa poderosa criatura en el fondo de las turquesas aguas que llenan el volcán extinguido del Tallacua es igualmente indiscutible. Respetado y temido, «Chan» ha permanecido en la memoria colectiva de los pueblos de esta región hasta el punto que, cada septiembre, desde hace siglos o milenios, los hombres y mujeres de las «Siete Luminarias» ascienden en peregrinación hasta lo alto de la caldera, ofrendando al monstruo los primeros frutos y suplicando su protección. Este ritual podría carecer de importancia, siendo atribuible a una de las muchas y rutinarias manifestaciones mágico-religiosas de las culturas precortesianas, de no ser por una circunstancia que ha venido a ratificar las viejas noticias en torno a «Chan»: decenas de testigos afirman haber visto hoy a la bestia que habita en el Tallacua. De no haberles interrogado personalmente, no habría dado crédito a tales rumores. Pero debo inclinarme ante la palabra de estos pescadores, campesinos, policías y sacerdotes, entre otros, que afirman, en pleno siglo XX, «haber visto entre las aguas un monstruo inmenso y rugiente como una ballena».

¿Ejemplos?

El de Vicente García, conocido hacendado del valle de Santiago quien, a principios de siglo, cuando se bañaba en el lago del Tallacua en compañía de un sacerdote amigo, se vio sorprendido por un animal de grandes proporciones. Según el médico José Manuel García Rivera, nieto de Vicente, su abuelo llegó al pueblo demudado y reconoció haber disparado contra la criatura. Pero «Chan» se sumergió en las profundidades.

También Guillermo García Aguilar y Rafael García aseguran con horror haber visto nadando en las aguas de la laguna un poderoso animal de seis metros de longitud y «cabeza similar a la de un becerro».

En cuanto a los pescadores que frecuentan el lago, raro es el paisano que no ha tenido un encuentro con «Chan». Santiago Ramírez, por ejemplo, lo vio emer-

138

ger en el centro del cráter. «Era negro y enorme y bufaba como una res.» Juan Hernández, barquero y pescador, ha contemplado en más de diez ocasiones cómo, desde el centro de la siempre pacífica e inalterable laguna, las aguas se encabritan súbitamente, provocando un oleaje inexplicable. Otros lo describen como «un animal largo y ancho como una red» que aparece casi siempre al amanecer.

Pero el caso más impresionante fue, sin duda, el del policía local Refugio Silva quien, en compañía de varios agentes, fue a tropezar con el monstruo cuando patrullaba por las orillas del Tallacua. El inspector no lo dudó e hizo fuego contra «Chan». Pero el animal —de largo cuello y cuerpo abombado— desapareció entre un fuerte remolino.

Cuando, con la ayuda del Escuadrón de Rescate Acuático del Cuerpo de Bomberos de Salamanca, localidad próxima al valle de Santiago, verifiqué la profundidad y naturaleza de las aguas que llenan el Tallacua, algo quedó claro para este investigador: entre quince y veinte metros se perciben unas fuertes corrientes —de oeste a este— que ponen de manifiesto la existencia de uno o varios canales subterráneos que pudieran poner en comunicación la laguna de «Chan» con el resto de los volcanes. Esta hipótesis fue confirmada por el comandante Juan Quiroga y por otros lugareños que, en diferentes ocasiones, han arrojado troncos y maderas al lago del Rincón de Parangueo (uno de los volcanes próximos) y, al poco, los han visto emerger en la superficie del Tallacua. Si el monstruo existe —y así lo declaran la leyenda y los testimonios recientes— cabe la posibilidad, como ocurre con los lagos de Escocia, que su hábitat no se reduzca únicamente a la hoya del Tallacua, sino a todo un complejo entramado de túneles submarinos.

Y es igualmente verosímil que el «Chan» no sea un único y solitario ejemplar, sino toda una «familia» de animales prehistóricos, atrapada desde hace millones de años en el laberinto acuático de las «Siete Luminarias».

Pero estos «primos» de «Nessie» no son los únicos. También en China se tienen noticias de otro monstruo de parecido corte y comportamiento a los ya referidos. Este ejemplar ha sido visto en el lago Karas, de cuarenta kilómetros cuadrados de superficie y ubicado en las montañas de Altai, cerca de la frontera noroccidental con la antigua Unión Soviética. La singular bestia fue observada por un grupo de pastores mongoles cuando se disponía a devorar un caballo.

En cuanto al territorio ruso, en la actualidad se sabe de otros dos lagos —el Kol-Kol y el Labynkyr— en los que, según los testigos, pudieran haber sobrevivido sendas colonias de monstruos igualmente antediluvianos.

En el primero, situado en Kazajstán, numerosos testimonios hablan de un enorme animal de unos quince metros de longitud, parecido a una serpiente y al que se le ve nadar por la superficie. También en este lago se repiten los extraños oleajes y los sobrecogedores ruidos.

En el segundo caso, en las montañas orientales de Yakutia, al noroeste de la extinguida Unión Soviética, los primeros testimonios conocidos datan del año 1953. Los observadores en cuestión —el geólogo V. Tverdojlebov y su ayudante— narraron así su experiencia:

Marchábamos por una de las escarpadas orillas del lago Labynkyr. Y de pronto distinguimos una mancha blanca bajo las aguas. Y al instante desapareció. Creímos que se trataba de algún reflejo solar. Pero «aquello» regresó. A cosa de trescientos o cuatrocientos metros de la orilla observamos un objeto blanquecino que se movía a gran velocidad y en nuestra dirección. Nadaba o se desplazaba mediante impulsos, emergiendo periódicamente. Estaba claro que era un animal enorme y muy extraño. Tenía dos manchas simétricas que identificamos con los ojos y que destacaban del resto del cuerpo. Y en su parte superior, una especie de aleta... Y al aproximarse a unos cien metros detuvo la marcha, retrocediendo con lentitud. Y desde aquel punto surgió una cadena de olas, consecuencia de los movimientos de la bestia. Y allí mismo se hundió, desapareciendo...

El geólogo, impresionado, elaboró un informe pero, como era de esperar, sus colegas no lo tomaron en consideración. Para los lugareños, sin embargo, el «incidente» no era una novedad. En aquel lago —de quince kilómetros de longitud por cuatro de ancho y alrededor de cincuenta metros de profundidad— «siempre habían ocurrido fenómenos extraños». Los cazadores perdían inexplicablemente a sus perros cuando éstos se arrojaban a las aguas en busca de las piezas. Las aves huían súbita y misteriosamente de las orillas y los violentos oleajes y remolinos —con el tiempo en calma— habían sido observados por decenas de pastores y pescadores.

También en el cono sur americano he tenido ocasión de recoger testimonios de personas de toda fiabilidad que afirman haber sido testigos de las evoluciones de uno de estos enigmáticos animales en las bellísimas aguas del lago Nahuel Huapi, en las proximidades de la ciudad argentina de San Carlos de Bariloche. Este nuevo «primo» de «Nessie» —conocido como el «Nahuelito»— parece responder a las mismas características y comportamiento que sus congéneres del resto del mundo.

Y me pregunto: ¿serán éstos los únicos sobrevivientes de la gran catástrofe?

Basta lanzar una ojeada al resto de los continentes para comprender que el cataclismo estudiado por los científicos de California, tal y como aseguran, tuvo que afectar por igual a los grandes saurios que dominaban la totalidad del planeta. Sólo así es comprensible esa multitud de informes sobre monstruos acuáticos, generados a todo lo largo de la historia y desde los confines más remotos. La lista de «primos» de «Nessie» sería interminable. Los hay en Australia, en la Polinesia, en la India, en África meridional, en Estados Unidos y Canadá. En estos dos últimos países —por mencionar otro ejemplo esclarecedor— se han producido más «avistamientos» de bestias lacustres «no identificadas» que en Europa y Asia juntas. Según los investigadores norteamericanos, en la actualidad se tienen noticias de noventa lagos en los que, al parecer, han sido vistos otros tantos «Nessies». Raro es el pueblo americano que no dispone de leyenda y mitología propias, relacionadas con estos seres, casi siempre de «largo cuello, cabeza de becerro y abultadas aletas». Desde hace siglos, los indios algonquinos, los mic-mac, los iroqueses, los potawatomi, los kalapuya, los shawnee y otras tribus de los Grandes Lagos y de las Montañas Rocosas han hecho mención de infinidad de criaturas, aparentemente fantásticas —«inquilinos» antiquísimos de estos lagos—, a los que temían y veneraban. A principios del siglo XIX, por ejemplo, los potawatomi se opusieron a la construcción de un aserradero en el río Wabash (Indiana), porque la instalación «podía perturbar a la mítica serpiente que habitaba sus aguas».

En Canadá, entre los numerosos «Nessies» que pueblan sus lagos, hay dos que acaparan el interés de la opinión pública: «Ogopogo» y «Manipogo». Ambos, aunque probablemente se trate de sendas «familias», han sido vistos en decenas de oportunidades en la red lacustre de Manitoba, Sinicoe y Okanagan. Su existencia —al menos los primeros informes— data de 1850. En 1959, el matrimonio Miller fue protagonista de una de las más claras apariciones del monstruo. Regresaban de una excursión por el lago Okanagan y a unos 75 metros de la lancha observaron la cabeza de un extraño animal. Al tomar los prismáticos, Dick Miller comprobó que se trataba de «Ogopogo». La cabeza, achatada como la de una serpiente, se encontraba a unos 25 centímetros por encima del agua. La barca maniobró dirigiéndose hacia el monstruo y el matrimonio tuvo oportunidad de contemplarlo por espacio de tres minutos. Al poco, las cinco jorobas y la cabeza desaparecían en las profundidades.

Y el misterio se fue con él. Y ahí permanece..., por el momento.

Situación de Escocia, México, Estados Unidos, Canadá, Argentina, antigua Unión Soviética y China.

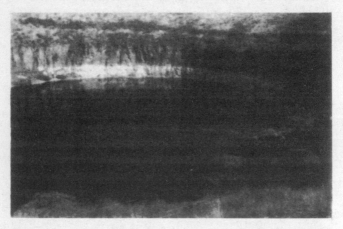

Las tranquilas aguas del volcán Tallacua, en el valle de las «Siete Luminarias» (México). Setecientos cincuenta metros de diámetro y cincuenta de profundidad En su interior —según la leyenda y los testimonios actuales— habita «Chan», un posible monstruo prehistórico. (Foto: J. J. Benítez.)

Representación artística de los «Nessies», en base a las fotografías y observaciones efectuadas en Escocia, México, antigua Unión Soviética, China, Argentina y Estados Unidos.

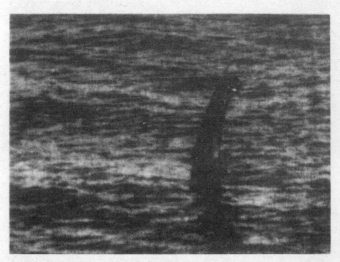

Imagen del monstruo del lago Ness, tomada por Anthony Shields en mayo de 1977.

Representación artística de los dos «Nessies» más famosos de Cana-
dá: «Ogopogo» (arriba) y «Manipogo» Ambos habitan en los lagos.
(Phil Weare y Linden Artists.)

Otra clásica fotografía de una bestia lacustre: «Manipogo», el mítico animal que habita las aguas del lago Manitoba. Fue tomada en agosto de 1962 por dos pescadores.

El monstruo del lago Champlain, en la frontera entre Estados Unidos y Canadá. Su longitud alcanza los seis metros. El número de observaciones de esta criatura en los últimos años es superior a las doscientas. La imagen fue tomada por Sandra Mansi en 1977.

Una de las numerosas imágenes de «Nessie», la extraña criatura que habita en los lagos escoceses.

NEPAL:
NI «ABOMINABLE» NI «DE LAS NIEVES»

Si los cientos o miles de «Nessies» que han sido vistos, fotografiados y filmados constituyen uno de los más intrigantes y escurridizos enigmas, el de los «hombres-mono» no se queda atrás. Naturalmente —en este fugaz repaso a «mis enigmas favoritos»— no pretendo «vaciarme», dando cuenta de esas cinco mil descripciones recopiladas hasta hoy en todo el orbe y en las que se dibujan unas criaturas peludas, semihumanas, siempre esquivas y perdidas en las altas cordilleras o en los bosques y junglas impenetrables. Estudiar las apariciones de los «sasquatch» canadienses, de los «bigfoot» norteamericanos, de los «maricoxi» amazónicos, de los «chemosit» africanos, de los «almas» caucásicos, de los «chuchunaa» siberianos, de los «hibagón» japoneses, de los «yowie» australianos o de los «xuêren» chinos me arrastraría a un trabajo enciclopédico. Y no es ése el objetivo del presente libro. Como ya he mencionado, «sólo se trata de rememorar viejos y novísimos sueños...». Y entre esos «sueños» hay uno por el que siento una especial predilección. Un «sueño» que se remonta a la lejana infancia y que en el invierno de 1987, al fin, me llevó hasta los Himalayas. No sé exactamente por qué pero, de entre todas esas criaturas bautizadas como «hombres-mono», es el famoso «yeti» el que ha ganado la partida de la curiosidad. Y durante semanas recorrí las altas tierras del Nepal, a la búsqueda de indicios y pruebas sobre tan fascinante personaje. Entiendo que, entre los seres mitológicos, entre las leyendas y la fantasía popular, entre lo real y lo irreal, el «abominable hombre de las nieves» ocupa uno de los tronos más destacados.

Como la mayor parte de los investigadores que se ha asomado a este enigma, llegué a Katmandú cargado de escepticismo. ¿Se trataba de una superstición? ¿Qué base real podía sostener la existencia de esta criatura, mitad hombre, mitad simio? Con el paso de los días, tras escuchar los testimonios de montañeses, monjes y, en especial, de los esforzados sherpas, mis dudas fueron disipándose. «Algo» había de cierto en semejante cúmulo de coincidencias. Ni uno solo de los interrogados puso en duda la realidad de los yeti. Algunos habían tropezado con sus huellas en la nieve. Otros aseguraron haber escuchado sus pasos y sonidos guturales en los alrededores de las aldeas, de los monasterios y en las proximidades de los campamentos de los alpinistas. Los menos juraban haberlos visto en los bosques que preceden a las regiones de nieves perpetuas. Y los más recordaban infinidad de encuentros protagonizados y transmitidos por sus antepasados.

Y he dicho bien: «los yetis». Porque, según los habitantes del Nepal, no se trata de un ser único y solitario, sino de muy bien diferenciadas especies o familias. Aunque la criatura en cuestión es conocida y reconocida en medio mundo como «yeti», su verdadero nombre —por el que es designado desde hace siglos en las altas cadenas montañosas del Tíbet y el Nepal— es «yah-teh». Estos vocablos, al combinarse, vienen a significar «hombre salvaje de los lugares rocosos» o «animal que habita en las rocas». Los nepalíes, al menos en el pasado, jamás utilizaron la expresión «abominable hombre de las nieves». Entre otras razones lógicas, porque ningún hombre o animal podría sobrevivir en las severas cumbres de los Himalayas. De hecho, según mis investigaciones, la mayor parte de las observaciones se ha registrado en altitudes inferiores y generalmente boscosas. Curiosamente, en el idioma nepalí, «yeti» quiere decir «ermitaño».

Y fueron los sherpas, como digo, quienes me proporcionaron una más amplia y precisa información. Estos silenciosos y espartanos guías de muchos de los montañeros y expedicionarios que se aventuran en los célebres Himalayas no comprendían las dudas y el escepticismo de los occidentales en lo que a los yetis se refiere. Su propia historia aparece ligada a la de los «yah-teh». Así me fue narrada por los ancianos sherpas:

... Allá arriba, por encima de las nubes y más allá de Katmandú y de las montañas azules que la rodean, hay una tierra virgen, de incalculable belleza, a la que llaman Khumbu. Es tierra de nieves y ventisqueros, de ríos salvajes y suaves y verdes valles, de yacs, águilas y leopardos de las nieves. Sus habitantes son los sherpas. Llegamos a Khumbu hace muchos años, procedentes de las montañas del Tíbet. Y aquí plantamos la patata y el trigo sarraceno. Y aquí criamos nuestras ovejas y nuestros yacs. Somos gente dura pero alegre...

Y antes, mucho antes de que todo esto ocurriera, Khumbu era ya la patria de los yeti. Entonces, los yeti eran pacíficos y confiados. Hasta que un día, los hombres y mujeres de las nieves observaron una larga hilera de sherpas y de yacs que traspasaban las fronteras del Tíbet y se instalaban en sus dominios. ¿Quiénes eran estas gentes? ¿Por qué venían a Khumbu?

Y los sherpas montaron sus tiendas en la región de Tarnga. Y después construimos casas de piedra y cultivamos los campos. Y los yeti siguieron observándonos. Hasta que un día, después del monzón, los sherpas recogimos la cosecha. Y el apetitoso olor de las patatas llegó hasta ellos. Esa noche, uno de los yeti decidió aventurarse en la aldea, robando cuantas patatas pudo. Y lo mismo sucedió cuando, días más tarde, los sherpas celebraron la fiesta de la cerveza. Esa misma noche, mientras la aldea dormía, los yeti se adentraron en el poblado, probando la cerveza y emborrachándose. A partir de entonces, los yeti se convirtieron en un problema para los sherpas. Robaban su comida y su cerveza, imitando en todo a los humanos. Finalmente, los sherpas celebraron un gran consejo e idearon un plan para librarse de los yeti. Primero dispusieron grandes cantidades de cerveza. Después, provistos de espadas de madera, simularon una pelea. Y esa misma noche, los hombres y mujeres de las nieves entraron de nuevo en la aldea, apoderándose de la cerveza y de las espadas que, aparentemente, habían sido olvidadas por los sherpas. Lo que no sabían los yeti es que las armas de madera habían sido previamente sustituidas por otras de metal. Y tal y como habían visto hacer a los sherpas, bebieron y se emborracharon, luchando entre ellos. Poco después, la tribu de los yeti yacía despedazada sobre la nieve. Todos murieron, excepto un yeti hembra y su hijo. Y al comprender que todo había sido un engaño, huyó hacia las montañas, lejos de los hombres. Desde entonces, el yeti odia a los humanos...

Así narran los sherpas sus primeros encuentros con los yeti. Y aunque, obviamente, parece tratarse de una leyenda más, no es menos cierto que contiene algunas posibles verdades. Por ejemplo: de acuerdo siempre con los testimonios de quienes aseguran haberlos visto, los yeti formarían una nutrida colonia. En este sentido, los sherpas los tienen clasificados en tres grandes grupos: los «metrey» o yetis caníbales, de un metro y medio de altura. Son los únicos —dicen— que atacan al hombre. Los «chutrey» o comedores de animales de gran tamaño: preferentemente el yac o buey de las montañas. Miden alrededor de 2,5 metros. Por último, el llamado «theima», que habita en los intrincados bosques de los Himalayas, siempre por debajo de la línea de nieve. Es herbívoro e igualmente inofensivo.

Es obligado puntualizar que, hasta el momento, a pesar de las múltiples expediciones científicas enviadas a estos parajes con el loable propósito de desvelar el misterio, los resultados han sido infructuosos. La creencia en el «abominable» se sustenta básicamente en los testimonios de quienes afirman haber tropezado con él o con sus huellas. Pues bien, en base a esas descripciones, el aspecto físico del yeti o de los yeti podría ser el siguiente: entre uno y tres metros de estatura. Cuerpo fornido y de apariencia humana, cubierto de un largo y espeso pelo que varía entre el gris y el rojizo. Cabeza puntiaguda. Brazos largos y oscilantes y enormes pies, de unos cuarenta a cincuenta centímetros de longitud y dedos pulgares extrañamente desviados hacia el exterior. Camina erguido aunque, cuando corre, lo hace también ayudándose de las manos, al estilo de los simios. Las áreas donde ha sido visto con mayor frecuencia pertenecen a las faldas de los Himalayas, entre los 3.300 y 5.500 metros. Raramente se le ha localizado en las altas cumbres.

Quizá la más antigua representación gráfica conocida de un yeti es la descubierta por el antropólogo checo E. Viçek en el *Diccionario anatómico para el reconocimiento de diferentes enfermedades*. En este tratado de medicina tibetana fue dibujado una especie de «hombre-mono», de pie sobre una roca. En el texto se aclara que se trata de un «hombre salvaje, habitante de las montañas y dotado de una fuerza extraordinaria». En cuanto a la primera referencia escrita que ha podido llegar a Occidente se remonta a 1832. El naturalista británico B. H. Hodgson lo describe en su diario como un «demonio peludo, sin cola, que, de pronto, apareció ante sus asistentes».

Pero quizá los testimonios más valiosos son aquellos que hablan de sus huellas. Han sido legión los montañeros que aseguran haberlas visto y seguido. En 1886, Myriad, miembro de una expedición británica, encontró unas enormes y misteriosas pisadas en la nieve, a 4.877 metros de altitud, en el Himalaya Sikkim. En 1989, un oficial inglés, el comandante L. A. Wadell, fue a tropezar también con una serie de huellas inexplicables, en la región nororiental de Sikkim, a 5.182 metros. Años después, en 1906, el célebre botánico Henry Elwes aseguraba haber visto un enorme bípedo peludo. Y otro tanto escribió el funcionario británico de bosques, J. R. P., que halló unas gigantescas pisadas de casi cincuenta centímetros, con los pulgares en ángulo recto sobre el eje de los pies. En 1921, el teniente coronel Howard-Bury observó otras enigmáticas huellas a 6.400 metros de altitud, durante una expedición al Everest. Tanto Howard como uno de los sherpas que le acompañaba distinguieron a un ser de gran talla, peludo y que caminaba como un hombre. Un año más tarde, una patrulla del ejército británico declaró haber visto una extraña criatura en Sikkim, a 3.000 metros. Era de aspecto humano —comentaron— y se movía con gran rapidez. En 1925, un botánico hindú, A. N. Tombazi, escribía en su libro *Relato de una expedición fotográfica a las laderas meridionales del Kanchenjunga* cómo en la nieve del monte Kabru, a 4.572 metros, habían contemplado a un ser claramente humano, arrancando raíces y arbustos. Caminaba erecto y se hallaba desnudo. A los pocos minutos desapareció en la espesura. Al acercarse al lugar, Tombazi halló huellas frescas de pisadas. Los pulgares y talones eran idénticos a los de un hombre, aunque la totalidad de la impronta era tan larga como su pierna. Contabilizó un total de quince pasos. En 1935, un yeti se presentó en la aldea sherpa de Kathagsu. Fue visto por numerosos vecinos, que le arrojaron piedras. La criatura había matado dos ovejas. En 1937, el capitán Hunt fue testigo de excepción de otras dos hileras de pisadas en Zemu. «Eran unas huellas enormes —escribe el lord— que nada tenían que ver con osos o leopardos de las nieves.»

La lista de testigos, en fin, es interminable.

Y a partir de 1951, gracias a las magníficas fotografías de las huellas de un supuesto yeti, obtenidas por Eric Shipton en el ventisquero de Menlung, la comunidad científica decide tomar cartas en el polémico asunto. Aquellas imágenes mostraban unas pisadas de 33 centímetros de longitud por otros 17 de ancho, con cinco dedos perfectamente visibles. Desde entonces hasta 1991, más de veinte expediciones de hombres de ciencia de Gran Bretaña, Estados Unidos, Japón, China, antigua Unión Soviética, India y Alemania se han desplazado hasta las laderas de los Himalayas, con el exclusivo fin de fotografiar o capturar al «yeti». Pero los resultados, como digo, han sido negativos. Hasta el propio Edmund Hillary llegó a interesarse por el «abominable de las nieves». En 1951 relataba lo siguiente: «... Sen Tensing, uno de mis más expertos sherpas, me aseguró haber visto al yeti. Al año siguiente, George Lowe y yo hallamos un mechón de pelo negro a 19.000 pies, en un paso peligroso. Los sherpas aseguraron que era pelo del yeti y lo tiraron aterrorizados.»

Sea realidad o fruto de la imaginación, lo cierto es que el «abominable» forma parte del sentir popular del Nepal. Personalmente, a la vista de los cientos de testimonios que circulan sobre tan singular criatura, estoy convencido de su existencia. El yeti es considerado en aquellas latitudes poco menos que una divinidad. Los restos de un cuero cabelludo, de un cráneo y de una mano de un yeti son exhibidos y reverenciados en los monasterios budistas de Pangboche, Namche y Khumjung. Sin embargo, los análisis practicados han demostrado que se trata de falsificaciones. Pero, a decir verdad, el rigor científico les trae sin cuidado. Para los sencillos hombres y mujeres de las montañas del Nepal, la palabra y la tradición están por encima de las hipótesis y conjeturas de la ciencia oficial. Y en el fondo puede que tengan razón. Aun así, el enigma del yeti o de los yetis tendrá que ser encarado algún día —en forma sistémica— por la comunidad científica. Hasta el momento, los escasos científicos que se han atrevido a pronunciarse sobre el misterio de los Himalayas han coincidido en la posibilidad de que estemos ante un ignorado animal, no incluido en la escala zoológica. Ya en 1955, Heuvelmans apuntó una tesis que fue bien aceptada: el yeti podría ser un descendiente del *Gigantopithecus*, un homínido de tres metros de altura y trescientos kilos de peso. La teoría ha sido redondeada por tres zoólogos británicos —Cronin, Emeryware y McNeeley— que opinan que el «abominable», de existir, tiene que pertenecer a una rama de simios gigantes prehistóricos (quizá del Pleistoceno) que pudieron quedar aislados en las altas y casi inaccesibles cordilleras de China y Asia centrales.

Pero, naturalmente, sólo se trata de conjeturas. La verdad sobre este viejo y romántico misterio continúa virgen e inalterada, al igual que las cumbres que lo amparan.

Situación del Nepal y el Tíbet.

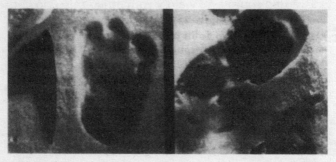

A la izquierda, una de las más famosas imágenes de las huellas de un supuesto yeti, tomadas en 1951 por Shipton en el glaciar Melung. A la derecha, otra misteriosa impronta, descubierta en 1980 en el Everest, a 4.800 metros de altitud. (Fotos: Royal Geographical Society y A. Press.)

Uno de los tipos de yeti —el «chutrey» o comedor de animales de gran tamaño— robando un yac. (Gentileza de Ram Kumar Panday.)

El monte Everest, uno de los hábitat del mal llamado «abominable hombre de las nieves». (Foto: J. J. Benítez.)

Yeti andando

Cabeza de Yeti

Gorila   Yeti

El Gigantopithecus —que pudo vivir
en el Pleistoceno (alrededor de hace
dos millones de años)—, posible ante-
pasado del yeti.

Nadie entre los sherpas duda de la existencia de los yeti.

GIBÓN   ORANGUTÁN   GORILA

YETI   HOMBRE

EL SECRETO DE COLÓN

¿Por qué no? También los hombres encierran misterios. Y algunos, tan impenetrables, que siguen resistiendo la corrosión del tiempo, de la curiosidad y de las investigaciones. Éste es el caso de Colón. Desde niño me llamó la atención —más que el hecho físico del descubrimiento de América— la insólita tozudez y la fe ciega del ilustre genovés. ¿Qué pudo empujarle con tanto afán a buscar la ayuda y protección de los monarcas y potentados europeos? ¿Simple intuición? ¿Lo que hoy llamaríamos paranoia? ¿Delirios de grandeza? ¿Cómo pudo encararse con tanta frialdad y audacia a los sabios y consejeros de los reyes de Portugal y España? Como es sobradamente conocido, en aquellos postreros años del siglo XV, la ciencia «oficial» negaba la existencia de «otras tierras firmes e islas más allá del llamado Mar Tenebroso». ¿Es que Colón había tenido conocimiento de los famosos mapas turcos de Piri Reis? ¿Cuál pudo ser su «secreto»?

La historia es clara y rotunda. Juan de Barros cuenta que el proyecto de Cristóbal Colón, presentado a los soberanos de Portugal y Castilla, fue rechazado «con rara y absoluta unanimidad» por los técnicos de ambas cortes peninsulares. «El monarca luso, tras conocer su demanda, le creyó poco; y menos aún tomaron en consideración sus planes descubridores los consejeros portugueses, pues todos ellos consideraron las palabras de Colón como vanas, fundadas simplemente en la imaginación o en cosas como esa isla Cipango de Marco Polo.»

Pero, curiosa y sospechosamente, lejos de desanimarse ante estos iniciales fracasos, el genovés se presentó en la corte de los Reyes Católicos y volvió a desenterrar su «loco» proyecto.

Y yo me pregunto: ¿por qué tanta obstinación? ¿Qué documentos, mapas o noticias obraban en poder del futuro almirante?

Y la fortuna, como reza la historia, siguió esquiva. Nadie le tomó en consideración. El testimonio del doctor Rodrigo Maldonado de Talavera, miembro de la junta dictaminadora del proyecto colombino, es rotundo en este sentido. Dice así: «... este testigo, con el Prior de Prato... e con otros sabios e letrados e marineros platycaron con el dicho Almirante sobre su hida a las dichas yslas, e... todos ellos concordavan que hera ynposible ser verdad lo que el dicho Almirante desya».

Ha quedado perfectamente claro para los historiadores que Colón presentó una idea absurda e irrealizable. Sin embargo, el Almirante no cedió un solo milímetro en sus pretensiones. Esta «tozudez», como digo, me intrigó siempre en gran manera. No podía entenderlo. Cristóbal Colón —aunque no se trataba de un genio en navegación y sí de un esforzado autodidacta— no tenía un pelo de tonto y debería haber tenido en gran consideración los consejos y opiniones de otros famosos marinos con los que se entrevistó. ¿Es que todos estaban equivocados, a excepción del genovés?

La primera aclaración a estas dudas sobre la incomprensible «fe» de Colón me llegó en los años setenta, cuando una luminosa mañana llamé a las puertas del Monasterio de La Rábida, en Huelva.

El entonces prior de los franciscanos en dicho lugar, Francisco de Asís Oterino, me sorprendió con una respuesta que, francamente, no hubiera imaginado en boca de un monje:

> «...La teoría sobre la existencia de un piloto o navegante anónimo, que conoció América antes que Colón y que reveló tan extraordinaria experiencia al Almirante, ha cobrado una gran fuerza en los últimos tiempos. Ésta pudo ser la gran razón, la clave, de esa obstinación que, en efecto, derrochó el descubridor del Nuevo Mundo. Le aconsejo que hable usted —me dijo el amable franciscano— con don Juan Manzano, el máximo estudioso de este asunto en la actualidad y catedrático de la Universidad Complutense, de Madrid.»

Yo había sabido en años anteriores —siempre de forma muy fugaz— que, tal y como señalaba el padre Oterino, algunos autores parecían sentir una cierta inclinación por esta hipótesis. Pero, a decir verdad, jamás le presté atención. Creí que, como otros muchos puntos de la historia, aquel capítulo del «prenauta» o del piloto desconocido no era otra cosa que pura fantasía.

La observación del franciscano, sin embargo, me puso en guardia. ¿Qué había de cierto en aquella desconcertante posibilidad? ¿Qué dicen los más serios y reconocidos historiadores sobre el piloto anónimo? ¿Existió verdaderamente?

A partir de aquella visita a La Rábida he procurado bucear en cuantos textos y documentos han quedado a mi alcance. Y he conversado extensamente con los más preclaros expertos en asuntos colombinos, muy especialmente con don Juan Manzano, cuya obra *Colón y su secreto* me parece una de las aportaciones definitivas en la resolución de este apasionante misterio.

Pero antes de pasar a los múltiples detalles e informaciones sobre este enigmático personaje, creo muy necesario hacer un breve balance de lo que cuentan los más insignes cronistas e historiadores sobre el particular.

Y empezaremos por las versiones —absolutamente concordes y casi desconocidas— de dos autores del siglo XVII: el licenciado Baltasar Porreño y el doctor Gonzalo de Illescas.

Al referirse a los orígenes de la empresa colombina comienzan describiéndonos la aventura del piloto anónimo en los siguientes términos:

> Un cierto marinero, cuyo nombre hasta ahora no se sabe ni de dónde partió ni qué viaje llevaba, más de que andava por el mar Oceano de Poniente, tubo un tiempo recio y grande tormenta, la cual lo llevó perdido por la profundidad y anchura del mar, hasta ponerlo fuera de toda conversación y noticia de lo que los marineros savían por sciencia y experiencia adonde vio por los ojos tierras extrañas nunca vistas ni oidas; la misma tormenta que lo llevó a ver estas incógnitas tierras, esa lo bolvió hacia nuestra España, tan perdido y destrozado, que murió dentro de pocos días. Este desgraciado marinero, por no tener otra posada mejor, vino acaso a posar en la isla de la Madera, en casa de Christobal Colon, ginoves, nacido en Nervi, aldea pequeña junto a Genova. Venía

tan pobre y hambriento que, como dixe, no pudo escapar de la muerte, y no teniendo otra mejor cosa que dexar a su huesped, en pago de la buena obra que le havia hecho le dio ciertos papeles y cartas de marear y relación muy particular de lo que havia visto en aquel naufragio. Recibio esto Christobal Colon de muy buena gana, porque su principal officio era marinero, y hacia cartas de marear. Muerto el pobre piloto, comenzó Colon a levantar los pensamientos, y a imaginar que si acaso él descubriese aquellas nuevas tierras no era posible, sino que en ellas hallaria grandes riquezas y quedaria prospero, rico y honrado, y para ver si llevaban camino sus imaginaciones, comunicó su negocio con un fraile franciscano llamado fray Juan Perez de Marchena, del monasterio de la Rabida, que era buen cosmógrafo, el cual, pareciéndole que no iba fuera de camino, le aconsejó que no dejase de procurar esta navegación, que no podia dexar de ser muy provechosa.

Algunos años antes, en 1535, esta leyenda sobre el piloto anónimo —que corría de boca en boca desde que tuviera lugar el descubrimiento «oficial» del Nuevo Mundo en 1492 —apareció por primera vez en letra de imprenta. Su autor fue Gonzalo Fernández de Oviedo, cronista oficial y que en el capítulo segundo de su volumen número dos —«Del origen e persona del almirante primero de las Indias, llamado Cristóbal Colón, e por qué via o manera se movió al descubrimiento de ellas, según opinión del vulgo»—, dice textualmente sobre la aventura del predescubridor:

Quieren decir algunos que una carabela que desde España pasaba para Inglaterra cargada de mercadurías e bastimentos, así como vinos e otras cosas que para aquella isla se suelen cargar, de que ella caresce e tiene falta, acaesció que le sobrevinieron tales e tan forzosos tiempos, e tan contrarios, que hobo de necesidad de correr al Poniente tantos días, que reconosció una o más de las islas destas partes e Indias; e salió en tierra, e vido gente desnuda, de la manera que acá la hay; y que cesados los vientos, que contra su voluntad acá le trujeron, tomó agua y leña para volver a su primer camino. Dicen más: que la mayor parte de la carga que este navío traía eran bastimentos e cosas de comer, e vinos; y que así tuvieron con qué se sostener en tan largo viaje e trabajó e que después le hizo tiempo a su propósito, y tornó a dar la vuelta, e tan favorable navegación le subcedió, que volvió a Europa, e fue a Portugal. Pero como el viaje fuese tan largo y enojoso, y en especial a los que con tanto temor e peligro forzados le hicieron, por presta que fuese su navegación, les duraría cuatro o cinco meses, o por ventura más, en venir acá e volver a donde e dicho. Y en este tiempo se murió cuasi toda la gente del navío, e no salieron en Portugal sino el piloto con tres o cuatro, o alguno más, de los marineros e todos ellos tan dolientes que en breves días después de llegados murieron.

Dícese, junto con esto, que este piloto era muy íntimo amigo de Cristobal Colón, y que entendía alguna cosa de las alturas; y marcó aquella tierra que halló de la forma que es dicho, y en mucho secreto dio parte dello a Colom, e le rogó que le hiciese una carta y asentase en ella aquella tierra que havia visto. Dícese que él le recogió en su casa, como amigo, y le hizo curar, porque también venía muy enfermo; pero que también se murió como los otros, e que así quedó informado Colom de la tierra e navegación destas partes, y en él sólo se resumió este secreto. Unos dicen que este maestre o piloto era andaluz; otros dicen quel Colom estaba entonces en la isla de la Madera, e otros quieren decir que en las de Cabo Verde, y e allí aportó la carabela que he dicho, y él hobo, por esta forma, noticia desta tierra.

Oviedo, como buen historiador, se limitó a recoger la opinión del pueblo. Eran los rumores y noticias que circulaban en aquellos años inmediatos al descubrimiento «oficial», especialmente por las calles y plazas de la isla Española, y que Oviedo se limitó a recoger sin más.

Diecisiete años después de la publicación de la obra de Gonzalo Fernández de Oviedo, otro reconocido cronista —Francisco López de Gómara— refrescaba la aventura del intrépido protonauta en el capítulo trece de su *Historia general de las Indias*, publicada en Zaragoza en el año 1552.

En síntesis, dice así:

> ... Navegando una carabela por nuestro mar Océano tuvo tan forzoso viento de levante y tan continuo, que fue a parar en tierra no sabida ni puesta en el mapa o carta de marear. Volvió de allá en muchos más días que fue; y cuando acá llegó no traía más de al piloto y a otros tres o cuatro marineros que, como venían enfermos de hambre y de trabajo, se murieron dentro de poco tiempo en el puerto. He aquí cómo se descubrieron las Indias por desdicha de quien primero las vio, pues acabó la vida sin gozar dellas y sin dejar, a los menos sin haber memoria de cómo se llamaba, ni de dónde era, ni qué año las halló. Bien que no fue culpa suya, sino malicia de otros o envidia de la que llaman fortuna. Y no me maravillo de las historias antiguas que cuenten hechos grandísimos por oscuros principios, pues no sabemos quién de poco acá halló las Indias, que tan señalada y nueva cosa es. Quedáramos siquiera el nombre de aquel

piloto, pues todo lo al con la muerte fenesce. Unos hacen andaluz a este piloto, que trataba en Canarias y en la Madera cuando le acontesció aquella larga y mortal navegación; otros vizcaino, que contrataba en Inglaterra y Francia; y otros portugués, que íba o venía de la Mina o India, lo cual cuadra mucho con el nombre que tomaron y tienen aquellas nuevas tierras. También hay quien diga que aportó la carabela a Portugal, y quien diga que a la Madera o a otra de las islas de los Azores; empero, ninguno afirma nada. Solamente concuerdan todos en que fallesció aquel piloto en casa de Cristobal Colón, en cuyo poder quedaron las escripturas de la carabela y la relación en de todo aquel luengo viaje, con la marca y altura de las tierras nuevamente vistas y halladas.

Y, por último, veamos la opinión del dominico fray Bartolomé de Las Casas, una de las máximas figuras de la historia de aquellos tiempos y encendido defensor de la obra y de la persona del Almirante de la Mar Océana. Lejos de silenciar las noticias sobre el predescubrimiento de América —que quizá pudieran eclipsar en parte el brillo de Colón—, Las Casas le dedica un generoso espacio en el capítulo catorce de su gran obra *Historia de las Indias*.

He aquí, resumido, su inapreciable testimonio, recogido por él mismo de los primeros pobladores de la mencionada isla La Española:

... Díjose que una carabela o navío que había salido de un puerto de España (no me acuerdo haber oído señalar el que fuese, aunque creo que del reino de Portugal se decía), y que iba cargada de mercaderías para Flandes o Inglaterra, o para los tractos que por aquellos tiempos se tenían, la cual, corriendo terrible tormenta y arrebatada de la violencia e ímpetu della, vino diz que a parar a estas islas y que aquesta fue la primera que las descubrió. Que esto acaesciese así, algunos argumentos para mostrarlo hay: el uno es, que a los que de aquellos tiempos somos venidos a los principios, era común, como dije, tratarlo y platicarlo como por cosa cierta, lo cual creo que se derivaría de alguno o algunos que lo supiesen, o por ventura quien de la boca del mismo Almirante o en todo o en parte e por alguna palabra se lo oyese. El segundo es, que en otras cosas antiguas, de que tuvimos relación los que fuimos al primer descubrimiento de la tierra y población de la isla de Cuba (como cuando della, si Dios quisiere, hablaremos, se dirá) fue una ésta: que los indios vecinos de aquella isla tenían reciente memoria de haber llegado a esta isla Española otros hombres blancos y barbados como nosotros, antes que nosotros no muchos años; esto pudieron saber los indios vecinos de Cuba, porque como no diste más de diez y ocho leguas la una de la otra de punta a punta, cada día se comunicaban con sus barquillos y canoas, mayormente que Cuba sabemos, sin duda, que se pobló y poblaba desta Española.

Que el dicho navío pudiese con tormenta deshecha (como la llaman los marineros y las suele hacer por estos mares) llegar a esta isla sin tardar mucho tiempo y sin faltarles las viandas y sin otra dificultad, fuera del peligro que llevaban de poderse finalmente perder, nadie se maraville, porque un navío con grande tormenta corre cien leguas, por pocas y bajas velas que lleve, entre día y noche, y a árbol seco, como dicen los marineros, que es sin velas, con sólo el viento que coge las jarcias y masteles y el cuerpo de la nao, acaece andar en veinte y cuatro horas treinta y cuarenta y cincuenta leguas, mayormente habiendo grandes corrientes, como las hay por estas partes; y el mismo Almirante dice que en el

171

viaje que descubrió a la tierra firme hacia Paria anduvo con poco viento, desde hora de misa hasta completas, sesenta y cinco leguas, por las grandes corrientes que lo llevaban; así que no fue maravilla que, en diez o quince días y quizás en más, aquellos corriesen mil leguas, mayormente si el ímpetu del viento Boreal o Norte les tomó cerca o en paraje de Bretaña o de Inglaterra o de Flandes. Tampoco es de maravillar que así arrebatasen los vientos impetuosos aquel navío y lo llevasen por fuerza tantas leguas, por lo que cuenta Herodoto en su libro IV, que como Grino, rey de la isla de Thera, una de las Cíclades y del Archipiélago, recibiese un oráculo que fuese a poblar una ciudad en África, y África entonces no era cognoscida ni sabían dónde se era, los ansianos y gentes de Levante orientales, enviando a la isla de Creta, que ahora se nombra Candía, mensajeros que buscasen algunas personas que supiesen decir dónde caía la tierra de África, hallaron un hombre que había por nombre Carobio, el cual dijo que con fuerza de viento había sido arrebatado y llevado a África y a una isla por nombre Platea, que estaba junto a ella...

Así que, habiendo aquéllos descubierto por esta vía estas tierras, si así fue, tornándose para España vinieron a parar destrozados; sacados, los que, por los grandes trabajos y hambres y enfermedades, murieron en el camino, los que restaron, que fueron pocos y enfermos, diz que vinieron a la isla de la Madera, donde también fenecieron todos. El piloto del dicho navío, o por amistad que antes tuviese con Cristobal Colón, o porque como andaba solícito y curioso sobre este negocio, quiso inquirir dél la causa y el lugar de donde venía, porque algo se lo debía de traslucir por secreto que quisiesen los que venían tenerlo, mayormente viniendo todos tan maltratados, o porque por piedad de verlo tan necesitado el

Colón recoger y abrigarlo quisiese, hobo, finalmente, de venir a ser curado y abrigado en su casa, donde al cabo diz que murió; el cual, en recognoscimiento de la amistad vieja o de aquellas buenas y caritativas obras, viendo que se quería morir, descubrió a Cristobal Colón todo lo que les había acontecido y diole los rumbos y caminos que había llevado y traido, por la carta del marear y por las alturas, y el paraje donde esta isla dejaba o había hallado, lo cual todo traía por escripto.

Esto es —concluye el eminente dominico— lo que se dijo y tuvo por opinión y lo que entre nosotros, los de aquel tiempo y en aquellos días comúnmente, como ya dije, se platicaba y tenía por cierto, y lo que diz que eficazmente movió como a cosa no dudosa a Cristobal Colón.

Me ha parecido, en fin, que resultaba del todo necesario iniciar este capítulo sobre el secreto de Colón con los testimonios de los más importantes cronistas colombinos. Y pude comprobar con asombro cómo todos ellos coinciden en la médula y en la parte sustancial del relato. Ni que decir tiene que esto me animó a seguir rastreando la pista del piloto anónimo. Como afirma R. H. Tawney, en líneas generales, las leyendas suelen ser tan ciertas en lo básico como falsas en los detalles...

Pues bien, conforme he ido prosperando en el conocimiento y en la reunión de datos sobre el llamado predescubrimiento, mi corazón —como el del catedrático Juan Manzano— se inclina cada vez más hacia la creencia de que esta tradición del nauta desconocido fue cierta en lo sustancial y quizá exagerada y poco clara en los detalles.

A título de síntesis sobre lo aquí expuesto, tanto Oviedo como Las Casas y Gómara, por citar a los más conocidos, coinciden en el hecho en sí: la existencia de un marino anónimo y de una carabela que fue empujada por fuertes vientos y por una tormenta hasta las islas más orientales del actual Caribe.

No se muestran conformes, sin embargo, en los detalles del suceso: derrota o ruta que pudo seguir la embarcación, nacionalidad del piloto anónimo, punto de arribo de la nave, tierras que descubrió, etc.

Todo ello, como digo, y desde mi modesto punto de vista, total y absolutamente secundario frente a la clave del gran acontecimiento: que alguien, años antes que Colón, tuvo la suerte o la desgracia de pisar América.

Pero entremos en los fascinantes pormenores de esta ignorada aventura, tal y como nos ha llegado de la mano de los investigadores.

¿Qué rumbo llevaba y por qué zonas navegaba nuestro hombre —el piloto desconocido— cuando la tormenta o los fuertes vientos desviaron su navío hacia las playas de América?

Aunque algunos autores hablan de una posible travesía entre Canarias y la isla de Madera y otros apuntan a los mares de Inglaterra y Francia, la verdad es que los más sólidos indicios —coincidentes además con la teoría de Oviedo— sitúan a la nao del prenauta en plena singladura desde las costas de África (concretamente de Guinea) hacia España o Portugal.

Esto justificaría plenamente el acentuado interés de Cristóbal Colón por reunir un máximo de información sobre aquellos mares de la región de Guinea.

Los cronistas de la época, y hasta el propio hijo del Almirante —Hernando Colón— nos cuentan cómo el genovés se preocupó y trabajó muy intensamente durante sus diversas estancias en las islas portuguesas de Madera y Porto Santo por allegar informes de marinos que navegaban a tales mares.

Si, como calcula Juan Manzano, el regreso del piloto anónimo a la isla donde residía Colón pudo tener lugar hacia el año 1477 o 1478, es lógico pensar que —una vez conocido el secreto del navegante— el interés del futuro Almirante de la Mar Océana por aquellas tierras desconocidas naciera justamente en aquellas fechas. Y curiosamente, así consta en todas las investigaciones hechas sobre Colón. Como es bien sabido, el genovés llegó a Portugal en 1476. Y una de las primeras cosas que hace en dicho país es contraer matrimonio con Felipa Moniz. Poco después —hacia 1477—, y según relata su hijo Hernando, se trasladó con su mujer a la mencionada isla de Porto Santo, viviendo en el hogar de su suegra.

Resulta harto sospechoso que, precisamente en aquellas fechas, apareciese en el genovés su «indestructible empeño» de embarcarse hacia el oeste, en busca de un camino hacia las tierras legendarias de Cipango. Si fue a lo largo de aquellos años de 1477 o 1478 cuando el piloto anónimo cayó sobre las costas de Porto Santo o de Madera, confiando sus venturas y desventuras al sorprendido Colón, estaría más que justificado, insisto, su repentino interés por todo tipo de datos en torno a la navegación, vientos, corrientes, etc., que se daban en la zona de Guinea.

Estos papeles, cartas y anotaciones que llevaba consigo el nauta moribundo y que la Providencia se encargó de hacer llegar al ligur, fueron —en opinión del historiador Gómara y otros— el punto de arranque de los proyectos descubridores del genovés.

Pero aquellas noticias que fueron proporcionándole los diferentes y avezados marinos portugueses no debieron de ser suficientes. Y Colón decide embarcarse hacia los mares de la Guinea, a fin de conocer «sobre el terreno» hasta los más nimios detalles. Era lógico que así obrase. Después de todo, y aunque debía disponer de las distancias (unas 750 leguas) de Canarias a las primeras islas americanas (presumiblemente La Española), derrota seguida por la carabela del piloto anónimo, así como marcas o señales en dichas costas e, incluso, el perfil de algunas de estas playas, el genovés no podía iniciar las gestiones definitivas para el gran «descubrimiento» mientras no tuviera todas o casi todas las cartas a su favor.

El propio Almirante nos cuenta cómo, al fin, navegó hacia Guinea. Según los grandes especialistas Jos y Morison, Cristóbal Colón sólo debió de hacer un viaje a dicha área africana. Esta primera «escaramuza» con el océano pudo ocurrir hacia el año 1482. En esa época, el rey Juan II de Portugal mandó construir el castillo de San Jorge de la Mina, en Guinea. Y Colón lo cita en sus escritos: «... Yo estuve en el castillo de San Jorge de la Mina, del rey de Portugal, que está debajo de la Equinoccial; y soy buen testigo —dice— de que no es inhabitable, como quieren algunos.»

Todo parece indicar, por tanto, que la ruta que debió seguir el olvidado prenauta en su involuntario camino hacia América arrancó de las aguas próximas a Guinea. Esta franja, precisamente, está dominada por los vientos alisios y una embarcación que se viera arrastrada por los mismos podría cubrir estos cientos de leguas en escasos días.

Pero ¿qué le ocurrió al navegante anónimo cuando, al fin, desembarcó en las playas de las islas del Caribe? ¿Por qué nos dice la leyenda que casi todos perecieron en el viaje de regreso? ¿Cuál pudo ser la verdadera causa de la muerte de estos marineros rudos y hechos a toda clase de contrariedades e inclemencias?

Antes de exponer la teoría más y mejor aceptada por los historiadores, quiero referirme a otro «detalle» que vendría a confirmar la existencia de ese «secreto».

Resulta curioso. Si Colón hubiera seguido los consejos de los hermanos Pinzón, mucho más expertos que el ligur en el arte de navegar, las carabelas habrían arribado a las tierras de la actual Florida, en la costa Este de Estados Unidos. Pero Cristóbal Colón disponía de una ruta, de unas marcas y de unas millas concretas que le mantuvieron firme en su decisión de viajar hacia el sudoeste.

Para el catedrático Juan Manzano, el prenauta pudo ser arrastrado por los vientos alisios, desembarcando primero en la isla de Guadalupe. Desde allí, navegando siempre a lo largo del arco de las Antillas menores, fue a recalar, tras reconocer el archipiélago de las Vírgenes, a La Española. Y es muy probable que el genovés hubiera recibido de manos del citado piloto anónimo la distancia de 750 leguas a recorrer desde la isla de Hierro, en Canarias, hasta la tierra firme que Colón confundió con el Cipango o Japón y que no era otra cosa que la mencionada isla de La Española. Cincuenta leguas antes —le advirtió el desgraciado prenauta— Colón encontraría un grupo de islas (las Vírgenes). Pero la expedición colombina, como sabemos, sufrió un error en la latitud (atribuible, casi con seguridad, a la derrota proporcionada por el piloto anónimo) y el 12 de octubre descubriría, no la tierra firme que tanto buscaba Colón, sino una pequeña isla del grupo de las Lucayas, llamada por los nativos Guanahaní, y que el Almirante bautizó como San Salvador.

Y volviendo al misterioso asunto de las muertes de la tripulación que «informó» a Colón, según los especialistas cabe la posibilidad de que el prenauta y su gente permanecieran uno o dos años en La Española (hacia 1476 o 1477). Este suceso vendría a explicar otro acontecimiento que sorprendió a los expedicionarios del primer viaje de Colón. Los cronistas cuentan cómo el Almirante y sus hombres descubrieron con natural estupor cómo en uno de los poblados al norte de La Española había «hombres y mozas blancos». Según el propio genovés, el 16 de diciembre de 1492, después de haber descubierto aquellas dos primeras indias blancas a cuatro leguas del puerto de Concepción, los expedicionarios llegaron a otro puerto, donde Colón vio muchos indios, hombres y mujeres «harto blancos, que si vestidos anduviesen y se guardasen del sol y del aire, serían cuasi tan blancos como en España».

La explicación más verosímil hay que buscarla precisamente en la presencia de los prenautas en la citada isla de La Española, unos dieciséis o diecisiete años antes del arribo de las tres carabelas «oficiales». Durante la estancia de estos hombres en Cuba, es lógico que se mezclaran con las indias, procreando un número considerable de mestizos y nativos «blancos».

Pero lo que no podían sospechar estos navegantes anónimos es que de aquellas uniones sexuales iban a quedar contaminados por uno de los males que, poco a poco, iría exterminándolos. Las beldades taínas estaban infectadas de *Spirochaeta pallida,* vulgarmente conocida como sífilis, una enfermedad mortal en aquella época. Precisamente, a raíz del regreso en 1493 de los descubridores «oficiales», este mal venéreo comenzó a extenderse por España y Europa. Y según algunos expertos, fue Martín Alonso Pinzón uno de los primeros en contraer la citada dolencia.

Manzano supone —con toda lógica— que ésta pudo ser la causa fundamental de la ruina de la expedición del prenauta, que terminó por aniquilar a la mayor parte de la marinería. Después de su prolongada estancia en las tierras de La Española, la enfermedad debió de evolucionar hacia su fase secundaria, cubriendo el cuerpo de los navegantes con unas pústulas extrañas (la erupción sifilítica), y produciéndoles, además, elevadas fiebres, intensísimos dolores y una postración general. Al no encontrar remedio, la expedición del piloto anónimo —muy mermada ya— debió de tomar la decisión de regresar a su patria. Pero sólo tres o cuatro tripulantes —muy enfermos— debieron alcanzar las costas de Madeira, muriendo al poco en la citada isla. Y fue Colón, por esos misterios del destino, quien atendió al prenauta. Éste, en agradecimiento, pudo informar al ligur de cuanto sabía, ofreciéndole datos concretos: leguas, rumbo, marcas, etc., para hallar las enigmáticas tierras a las que había sido arrastrado contra su voluntad.

E insisto en la curiosa «circunstancia». Fue a partir de esas fechas —hacia 1478— cuando se «despierta» el interés y la tozudez del genovés. Nunca antes. Una inexplicable «cabezonería» que sólo puede entenderse si admitimos la realidad de un «gran secreto». Un «secreto» que, al parecer, se vio obligado a compartir, en el último momento, con su monje-consejero de La Rábida y, quizá, con la propia reina Isabel. Seguramente, esa «revelación» constituyó la clave para que la Corona —antes incluso del descubrimiento— aceptara sus propósitos, designándole, incluso, como «almirante de la mar océana»...

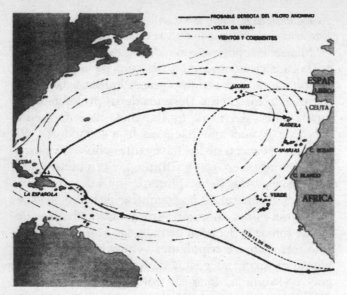

Mapa elaborado por el gran americanista don Juan Manzano, con la posible ruta seguida por el piloto anónimo que informó a Colón.

Panorámica de La Rábida. (Foto: J. J. Benítez.)

En el cuadro de Bejarano, la llegada de Colón al monasterio de La Rábida, en Huelva.

Fray Juan Pérez, uno de los consejeros del Almirante a quien, muy posiblemente, hizo partícipe de su «secreto». (Foto: J. J. Benítez.)

EL SECRETO DE VERNE

«Me siento el más desconocido de los hombres.» Esta frase, pronunciada por Julio Verne, entraña un gran enigma. No creo equivocarme si afirmo que la inmensa mayoría de los ciudadanos ha leído alguna vez al escritor francés. Pero ¿qué sabemos realmente de este genial bretón? ¿Fue un «iluminado»? ¿Un «profeta»? ¿Cómo pudo adelantarse a su tiempo tan certera y magistralmente? ¿Cuál era su «secreto»?[1]

Quizá ha sido una de las investigaciones en la que he invertido más tiempo y más cariño: ocho largos meses buceando en su vida y en su obra. Y lo que he encontrado me ha dejado perplejo. Verne arrastró, no uno, sino varios secretos...

Pero, para desvelarlos, es preciso sobrevolar su desconocida y agitada existencia. Es más: yo diría que su gran secreto es, justamente, su propia vida.

¿Quién hubiera imaginado a Verne como un político «de izquierdas»? En 1988 se cumplió, justamen-

[1] Para más información, ver *Yo, Julio Verne*, de J. J. Benítez. *(Nota del editor.)*

te, el centenario de tan insólita actividad. En mayo de 1888, Julio Gabriel Verne Allotte sorprendía a propios y extraños, presentándose a las elecciones de la ciudad francesa de Amiens, donde residía desde 1871. Y lo hizo, para escándalo de su burguesa familia, por una lista «ultrarroja», al socaire de los republicanos progresistas. Y Verne arrasó: en la segunda vuelta conseguiría 8.591 votos, de los 14.000 que integraban el electorado. Las verdaderas motivaciones que le llevaron a la concejalía no tuvieron jamás un tinte político. Sus biógrafos lo han recogido una y otra vez: «Sólo me interesa servir a la sociedad, mejorar la ciudad, impulsar la instrucción y las Bellas Artes.» Y así lo hizo. El Verne concejal —reelegido en 1892, 1896 y 1900— potenció el teatro, consiguió becas para la Escuela de Medicina, mejoró el trazado de Amiens y llegó a construir un espléndido circo que todavía puede admirarse.

Pero, quizá, una de las más desconocidas facetas de Julio Verne fue la de viajero. ¿Cuántas veces he oído comentar que el autor de *La vuelta al mundo en ochenta días* sólo viajó en sueños y desde su gabinete de trabajo? Nada más incierto y peregrino.

Entre 1857 y 1884, es decir, en un total de veintisiete años, llevó a cabo diez grandes cruceros y un sinfín de viajes «menores». Su frustrada vocación marinera no resultaría tan frustrada...

Su pasión por la mar era tal que, en el referido año de 1857, recién casado con Honorine de Viana, no dudó en abandonarla, para emprender su primer gran periplo: Escocia. Más aún: en 1861, con su esposa en avanzado estado de gestación, tampoco lo dudó y, haciendo caso omiso de las lógicas protestas, se embarcó de nuevo, rumbo a Escandinavia. El crucero resultaría abortado por un súbito cable de su mujer, reclamándole. Verne llegaría a tiempo de ver nacer a su único hijo, Michel. Después, merced a los dineros de sus primeras y triunfantes novelas, haría realidad otro de sus sueños: la compra de un barco. El *San Michel*, atracado en Crotoy, le llevaría a Inglaterra, al mar del Norte y a numerosos puertos de la costa francesa. A bordo de este pesquero reformado concebiría su novela *Veinte mil leguas de viaje submarino*, llegando a escribirla, incluso, mientras navegaba. Nemo, por tanto, «nacería» en el mar...

Pero aquel barco pronto se le quedaría pequeño. Verne ansiaba cruzar los siete mares. Y en 1876, a los tres meses de su cuadragésimo octavo cumpleaños, Julio Gabriel Verne Allotte adquiere un segundo yate: el *San Michel II*. Para esas fechas, el inquieto navegante ya había visitado Estados Unidos, en compañía de su hermano y confidente, Paul. En marzo de 1867, en efecto, a bordo del gigantesco trasatlántico *Great Eastern*, los hermanos Verne se dirigen a Nueva York. Y durante veinte días recorren la Costa Este y la frontera con Canadá. De todas estas experiencias nacerían después muchas de sus novelas. Con el segundo *Michel* se aventura de nuevo en el mar del Norte, Inglaterra... Y en 1877 «tira la casa por la ventana», gastándose 55.000 francos en un tercer y soberbio yate: el *San Michel III;* un velero de dos palos, con motor de cien caballos y treinta y tres metros de eslora. Es la época de sus largos cruceros por el Mediterráneo. Por sistema, Verne deja de trabajar en julio y navega hasta octubre. Así recorre las costas de España (Vigo, Cádiz, Málaga), el norte de África, Malta, Italia... siendo recibido por el papa León XIII, en 1884. El clamoroso éxito de novelas como *Cinco semanas en globo*, *De la Tierra a la Luna*, *La vuelta al mundo en ochenta días*, etc., traducidas a numerosos idiomas, hace de estos cruceros una permanente manifestación de gloria para el vanidoso Verne. Es agasajado en Lisboa, Gibraltar, Túnez, Venecia... En 1885, sin embargo, misteriosamente, Julio Verne malvende el *San Michel III*, negándose a volver a la mar. Su pasión por los viajes desaparece y sólo a partir de ese momento «viaja con la imaginación». La razón de este drástico cambio pudo estar en la muerte de su gran y secreto amor: una mujer afincada en París.

He aquí otro de los rasgos de la vida de Verne, desconocido por sus miles de lectores. Julio Gabriel Verne, nacido en Nantes un 8 de febrero de 1828, fue un niño, un adolescente y un joven desgraciado. Tanto su padre, Pierre, como la madre, Sophie Allotte de la Fuye, pertenecían a familias burguesas. El padre de Verne, «ascético, estricto, católico a ultranza y maníaco del orden y la puntualidad», se negó a los fervorosos deseos de su hijo primogénito, Julio, de hacerse marino. El mayorazgo imperaba en aquella época y Julio Verne, así fue sentenciado por Pierre, heredaría el despacho de abogado de su padre. La frustración de Verne fue tal que, a los once años, se escapa de Nantes, embarcándose en un buque, *La Coralie*, con destino a la India. Pero el «grumete» es apresado en Paimboeuf —primera escala del barco— y conducido a Nantes. Allí, su padre le azota sin piedad. Esa paliza sería el principio del fin de las relaciones entre padre e hijo. Verne jamás le perdonaría su intransigencia. Para colmo, Verne se enamora de su prima Carolina Tronçon. Ésta le rechaza y convierte la juventud de Verne en un infierno. Con el fin de proseguir los estudios de Derecho —dolorosa imposición de Pierre Verne—, Julio se instala en París y comienza a alternar con los círculos literarios de moda. La boda de Carolina con un «petimetre de Nantes» termina de hundirle en la desesperación. Su vida amorosa quedará marcada para siempre. Finalizada la carrera, Pierre Verne reclama a su hijo a Nantes. Pero Julio se niega. Lleva tiempo escribiendo piezas teatrales, óperas cómicas y sainetes (la mayoría de escasa calidad) y no desea perder la que es ya su verdadera vocación. Las tensas relaciones con su padre sufren un nuevo deterioro: Pierre Verne le corta la pensión y el joven escritor teatral se ve obligado a malvivir en París, dando clases de Derecho. Encuentra un empleo como secretario del Teatro Lírico y así «resiste» hasta que, en 1856, con motivo de la boda de un amigo, se traslada a la ciudad de Amiens, donde conoce a Honorine, una viuda con dos hijas de corta edad. Planea fríamente su matrimonio con Honorine y decide casarse a principios de 1857. A través de su cuñado consigue entrar en el mundo de la bolsa, haciéndose agente. Al mismo tiempo, una vez instalados en París, sigue trabajando en sus «bagatelas teatrales» y en la cimentación de un gran proyecto: la «novela de la ciencia». Pero su matrimonio resultaría un fracaso. Honorine está más pendiente de las fiestas y reuniones sociales que del «sueño» de Verne. Ese «sueño» consiste en llevar el prodigioso mundo de los descubrimientos técnico-científicos, a los que asiste el escritor en ciernes, a la literatura. Toda una aproximación del hombre a la naturaleza, y viceversa, de la mano de la ciencia. Y a los treinta y cuatro años, al fin, escribe su primera gran novela —*Cinco semanas en globo*—, contagiado de la fuerte polémica existente entonces en Francia alrededor de la aerostática. Pero el fracaso sigue tras él, implacable. Verne recorre quince editoriales. «Quince necios», según sus propias palabras. Al fin, merced a su buen amigo

Nadar, un fanático de los globos, Julio Verne entra en contacto con Julio Hetzel, editor, que lee el manuscrito, recomendándole que lo corrija y «que haga de aquello una auténtica novela». «¿Sabe que tiene usted talento, joven?», le dijo Hetzel al despedirse. A principios de 1863, a punto de cumplir los treinta y cinco años, Verne conoce el triunfo. La publicación de *Cinco semanas en globo* es un éxito. Y Verne, eufórico, firma un contrato con Hetzel por veinte años, a razón de tres libros por año. Algún tiempo después, esas tiránicas exigencias del editor son aliviadas y convertidas en dos novelas anuales. El creador del capitán Nemo, de Hatteras y de los hijos del capitán Grant deja su trabajo en la bolsa y se dedica de lleno a la literatura. En sus cuarenta y dos años de vida literaria, Verne escribiría 65 grandes novelas, bajo el título general de *Viajes extraordinarios* y un sinfín de obras menores. Sus ganancias totales han sido calculadas en unos 60 millones de pesetas. (El editor se embolsaría alrededor de 280 millones...)

En julio de 1871, cansado de la superficialidad de su mujer, decide abandonar París y se instala en la pequeña ciudad provinciana de Amiens, al norte. Es elegido miembro de la Academia y comienza a padecer la tortura de un hijo, Michel, «difícil y endemoniado». El muchacho es recluido en un reformatorio y, posteriormente, encarcelado y embarcado por su propio padre en un buque con destino a la India. Dieciocho meses después, a su regreso, Michel, con la oposición de Julio Verne, contrae matrimonio con una cantante, la Dugazón, a quien abandonará dos años después para fugarse con una pianista de dieciséis años. La atormentada vida del escritor se ve definitivamente destrozada en 1886 cuando, a la puerta de su casa, el hijo de su hermano Paul, Gaston, le dispara dos tiros de revólver. Uno de ellos le alcanza en un pie, dejándole cojo para el resto de su vida. El demente es encerrado en un manicomio y Verne entra en una profunda crisis emocional, de la que jamás se recuperaría. A partir de entonces su carácter se enturbia, convirtiéndose en un individuo huraño, que sólo vive para su obra. En 1900, a las neuralgias faciales que padece desde su juventud, se añade una notable pérdida de visión y varias crisis de diabetes que, el 24 de marzo de 1905, acaban por conducirlo a la tumba. Condecorado con la Legión de Honor, Verne recibe honores militares, siendo enterrado en el cementerio de La Madeleine, en Amiens.

En 1895, entrevistado para el *Strand Magazine*, Verne negaba en redondo el calificativo de «profeta de la ciencia». «Todo es una simple coincidencia —declaraba—. Yo no he inventado nada...»

Julio Verne negó siempre que fuera un «iluminado». Sus novelas, afirmaba, habían sido escritas en base a unos exhaustivos estudios de su tiempo y de los numerosos inventos de la época. Personalmente no estoy del todo de acuerdo con el creador del *Nautilus*. Es cierto que los primeros ensayos de navegación submarina se remontan a finales del siglo XVIII, con *La Tortue* de Bushnel (1776) y el Nautille de Fulton (1796). Pero ¿qué decir de la navegación subpolar? El *Nautilus* norteamericano que llevaría a cabo semejante hazaña tendría que esperar al 3 de agosto de 1958...

Verne llevaba razón, en parte. Todos sus libros fueron cuidadosamente documentados. *De la Tierra a la Luna,* por ejemplo, contó con los cálculos matemáticos de su primo Henri Garcet, pero la «visión» de Verne, en mi opinión, fue genial. Hasta esos momentos, la conquista de la Luna, de la mano de escritores como Luciano, Sorel, Cyrano de Bergerac o Allan Poe, sólo había sido un intento puramente romántico. Verne daría el salto, adentrándose en el posibilismo científico. ¿Y qué decir de sus correcciones de trayectorias, cohetes auxiliares y de su precisión en los puntos de lanzamiento y recogida del «obús»? El astronauta Frank Borman, cuyo vehículo espacial cayó en el Pacífico, a sólo cuatro kilómetros del punto señalado por Verne, llegaría a manifestar: «No puede tratarse de simples coincidencias.»

¿Y son «coincidencias» sus repetidas premoniciones sobre el nazismo, sobre el futuro auge de Estados Unidos o sobre la creación de la bomba atómica? Yo invito a los lectores a que se paseen por su novela *Frente a la bandera*. Quedarán sobrecogidos. Y en *La caza del meteoro* (publicada en 1908), Verne va mucho más allá. Anticipándose a Einstein, Bohr y Rutherford, uno de sus héroes, Xirdal, asegura: «...por mucho que se descomponga [se refiere a la materia] en moléculas, átomos y partículas, siempre quedará una última fracción por la que se replanteará íntegramente el problema y su eterno recomienzo, hasta el momento en que se admita un principio primero que no será ya materia. Este primer principio inmaterial, es la energía.»

Verne, hace ahora 126 años, hablaba ya de la conquista de los planetas. En este sentido, las palabras del protagonista de su novela *De la Tierra a la Luna*, son definitivas. Así se expresaba Ardan: «...Se va a ir a la Luna, se irá a los planetas, se irá a las estrellas, como se va hoy de Liverpool a Nueva York, fácilmente, rápidamente, seguramente, y el océano atmosférico será pronto atravesado como el océano de la Luna.» ¡Esto ocurría en 1865!

Por supuesto, no todo fueron asombrosas anticipaciones. Julio Verne, tal y como afirmaba, se aprovechó también de las ideas y hallazgos de otros. Por ejemplo, del poeta y narrador norteamericano Edgar Allan Poe y de un folleto turístico de la Agencia de Viajes Cook. Su gran novela *La vuelta al mundo en ochenta días* nació precisamente así: de un cuento de Poe («Tres domingos en una semana») y de un anuncio. René Escaich fue el descubridor del artículo publicitario, aparecido en 1870 cn *Le Magasin Pittoresque*, que sirvió de inspiración al «viejo oso». Este anuncio decía así:

«Gracias a la horadación del istmo de Suez, es posible ahora, partiendo de París, dar la vuelta al mundo en menos de tres meses. El servicio para este viaje circular no ha de tardar en ser organizado...» Y a continuación, el periódico reproducía el itinerario completo, incluyendo los días de duración de cada etapa del viaje. «En total —concluía el artículo—, 80 días.»

Las posibles explicaciones a esa genial «intuición», «visión de futuro», «iluminismo» o «anticipación» (podemos etiquetarlo como queramos), sólo podrían ser dos. Primera: en base a su erudición y enciclopédicos conocimientos científicos, Julio Verne llegó a «presentir» cl ulterior desarrollo de aquellas máquinas, apenas intuido por la sociedad del siglo XIX. Segunda: además de lo anterior, Verne pudo tener acceso a unas «fuentes» del conocimiento, mucho más depuradas y secretas. Son numerosos los biógrafos y «vernianos» que han empezado a descubrir una lectura iniciática en la obra de Verne. El *Viaje al centro de la Tierra*, *El castillo de los Cárpatos*, el propio capitán Nemo, etc., contienen —para quien pueda y sepa leerlo— todas las claves de los viajes iniciáticos, de la simbología alquímica, de la trascendencia, en el más puro sentido de la expresión. Hombres como Lamy, Moré y Michel Carrouges, entre otros, han apuntado la existencia en los *Viajes extraordinarios* de todo un secreto «formalmente inscrito, objetivamente proyectado».

Estoy absolutamente convencido. Después de conocer su vida, sus numerosas cartas, su obra y, en especial, después de haber estudiado su magnífica tumba en Amiens, sólo puedo desembocar en una conclusión: Julio Verne fue un iniciado y un iniciador. Michel Lamy, por citar un solo ejemplo, dedica 323 páginas a este fascinante y, hasta ahora, ignorado aspecto del escritor, mal llamado «de juventud». Es casi seguro que Verne conocía las ocultas doctrinas de los masones, rosacruces, alquimistas y que, incluso, hubiera podido pertenecer a hermandades tan secretas y esotéricas como los «Iluminados de Baviera» o la «Sociedad angélica». Las exigencias de la puritana sociedad burguesa a la que perteneció y el estrecho «marcaje» de que fue objeto por parte de Hetzel, su editor, le encasillaron en un título que hoy todavía está vigente: escritor de aventuras para adolescentes y jóvenes. Nada más erróneo. Ciertamente, Verne tuvo que someterse a estas servidumbres. Pero, si se analiza desde esta otra perspectiva, se observará que el escritor, bajo el ropaje de la aventura, ha introducido, «de contrabando», un sinfín de «secretos», directamente relacionados con sus propios dramas personales y con los conocimientos aprendidos de esas sociedades y hermandades iniciáticas.

Y volviendo a las explicaciones a su genial «iluminismo», yo me pregunto: si Julio Verne supo o perteneció a los «Iluminados de Baviera», a la «Golden Dawn» (la elite de los rosacruces de aquel momento) o a los «Hermanos del alba dorada», ¿por qué rechazar la hipótesis de un Verne en «contacto» con «entidades espirituales o celestes» y, obviamente, con los altos secretos de tales sectas? Según Samuel Lidell Mathers, la «Golden Dawn» estaba organizada en torno a once grados iniciáticos, bajo la protección y dirección de los llamados «Superiores desconocidos». ¿Quiénes eran esos «Superiores desconocidos»? Aquellos que han investigado o se han interesado por este mundo mágico en el que trabajo desde 1972 saben muy bien la respuesta... Ello sí explicaría satisfactoriamente las asombrosas «anticipaciones» en el tiempo, su secreta lectura y el elevado nivel evolutivo de los pensamientos vernianos. No tengo el menor pudor en afirmar que Julio Gabriel Verne Allotte —aunque, lógicamente, carezco de las pruebas definitivas— pudo haber estado en «contacto» o «comunicación» con seres, fuerzas o entidades extrahumanas, que abrieron su mente a un mundo ajeno a la civilización de entonces. En el mítico y misterioso Verne cabe eso y mucho más... Será preciso bucear en toda la obra de los *Viajes extraordinarios* (ya se ha empezado) para desvelar y sacar a la superficie los múltiples enigmas sepultados por este esotérico Verne. Novelas como *Los quinientos millones de la Begún* o *El eterno Adán*, por mencionar un par de ellas, nos están esperando desde hace casi cien años.

Verne, defensor de la Tierra hueca, pionero de los ovnis y uno de los primeros ecologistas conocidos, ha sido víctima de la superficialidad de una crítica que no ha sabido leer en profundidad. Como muy bien apunta Miguel Salabert en su libro *Julio Verne, ese desconocido*, «el continente ha ocultado el contenido». Verne, en efecto, es uno de los autores más y peor leídos de la historia. Los niños y jóvenes pueden soñar con sus novelas, pero son los adultos los verda-

193

deros destinatarios de esa obra prodigiosa. Con razón, en los últimos años de su vida, exclamaba: «Me siento el más desconocido de los hombres...»

No quiero concluir este apresurado apunte sobre Julio Verne sin hacer mención de «algo» que, en mi opinión, guarda una estrecha vinculación con todo lo expuesto. Más aún: me atrevo a decir que su monumento funerario, en el camposanto de La Madeleine, en Amiens, viene a ser la síntesis final del auténtico Verne. El Verne mágico, secreto, esotérico, iniciado e iniciador, ha sido plasmado en piedra y mármol, merced al talento y a la no menos secreta intención del escultor e íntimo amigo de Julio Verne, Albert Roze. He pasado muchas horas estudiando, midiendo y observando esa tumba. Y he sometido cada uno de los detalles contenidos en la misma a expertos kabalistas y hombres sabios, conocedores del mundo de la simbología. El resultado es fascinante. Verne, que elaboró en vida alrededor de 4.000 criptogramas, ha dejado en su sepultura su último gran enigma: el que sintetiza su vida, sus sueños y su obra. Una rama de palmera, símbolo de la inmortalidad del «phoenix» que resurge de sus cenizas; el «etz ha-jaím» o Árbol de la vida de los kabalistas y la «tariqat» o asociación iniciática sufí... Una estrella de seis puntas (!) flotando sobre la palmera: la unión del fuego celeste y el agua para la reconstrucción interior, en palabras de Mario Satz, y que los kabalistas llaman «shamaim»... Una cruz inscrita en un círculo, que alude a la «cuadratura del círculo»: el opus alquímico completo, acabado y realizado... Una rama de olivo: «la paz del justo» (una versión bíblica del laurel olímpico)... Una lápida sepulcral pentagonal sobre las espaldas de ese Verne de mármol que «renace» de la tierra... Una losa pitagórica, que nos recuerda la «salud microcósmica»... La propia leyenda funeraria, con cinco de sus letras «especial y estratégicamente» destacadas sobre el resto: «J», «L», «V», «R» y «E» y que los expertos en kábala y numerología han descifrado como una «pista» más que nos habla de «resurrección»... Una mano derecha alzada hacia el oeste, con una muy específica posición de sus dedos (uno-tres-uno)... Un rostro igualmente orientado hacia el oeste, hacia el rojo alquímico... hacia el «renacimiento»... Una mano izquierda firmemente asentada en la tierra... Un sudario que cubre la cabeza de este Verne «que no ha muerto»... y los siete abetos, formando un semicírculo, que guardan la tumba por su cara este... No olvidemos que «Verne» significa «árbol»...

Y lo más espectacular y desconcertante: esa mano derecha, tal y como relato en mi libro *Yo, Julio Verne*, que, en el «día mágico» del verano, oscurece parte de la leyenda funeraria, abriendo nuestros ojos a otro gran secreto de Verne... Pero dejaré al lector que descubra por sí mismo ese postrer «mensaje». Al igual que Verne cifró su obra, yo también he cifrado la mía, obedeciendo a la sentencia que encabeza las *Bodas químicas* de Christian Rosenkrentz: «Los arcanos se envilecen cuando son revelados. Y una vez profanados, pierden su gracia. No arrojéis margaritas a los cerdos y no hagáis nunca a un asno un lecho de rosas.»

Uno de mis enigmas favoritos: la tumba de Julio Verne en Amiens (Francia). (Foto: J. J. Benítez.)

Un curioso «encuentro»: J. J. Benítez —al que muchos han bautizado como la «reencarnación» de Julio Verne— y el monumento funerario del gran maestro de la literatura.

EL SECRETO DE PARSIFAL

Cómo lo diría...

Sobre este mundo «encantado» dormitan enigmas por los que siempre he transitado «de puntillas». En ocasiones, porque soy consciente de mi extrema limitación. Quizá sea mejor así. En otros casos, porque mis informaciones o la intuición me dictan que el misterio en cuestión no es tal. En este último orden figura, por ejemplo, el no menos célebre Santo Grial. Conozco la leyenda y parte de la generosa literatura vertida por su causa. Y sintiéndolo en el alma, me parece harto improbable que alguien —por muy José de Arimatea que fuera— pudiera rescatar, hace dos mil años, el cáliz utilizado por Jesús de Nazaret en la «Última Cena». También se dice que el Santo Grial o Graal pudo recoger la sangre de Cristo en el momento de la lanzada. Esta hipótesis —para quien disponga de un mínimo de documentación sobre cómo transcurrieron aquellas dramáticas horas de la crucifixión— es igualmente insostenible y casi descabellada.[1]

---

[1] Amplia información sobre la pasión y muerte de Jesús en la obra *Caballo de Troya*, de J. J. Benítez. *(Nota del editor.)*

Pero lo que es innegable es que la leyenda prosperó.

Y durante años, toda suerte de personajes —reales algunos e irreales la mayoría— se empeñó en el romántico sueño de encontrar la supuesta reliquia. Uno de los más famosos fue el caballero Parsifal o Percival, escudero primero y amigo después de otro mítico personaje —sir Lancelot—, miembro de la Tabla Redonda que presidiera el rey Arturo.

Parsifal entraría en la historia y en la mitología como uno de esos esforzados e inmaculados caballeros que inmolaron su vida en pro del sagrado vaso. Y he aquí que, en el transcurso de mis lecturas e indagaciones en torno a la «maravillosa locura» de este custodio del Santo Sepulcro, fui a descubrir que, además del Grial, el sir inglés tenía otra «obsesión»: el rescate de una «pieza», igualmente mágica, que recibía muy diferentes nombres. Se trataba, al parecer, de un bastón de piedra —de origen poco claro y características extraordinarias—, conocido entre las sociedades secretas como «Piedra de la sabiduría», «Bastón de mando» y «Piedra que habla». Y por esos caprichos del destino, el Grial, a nivel popular y literario, eclipsó al Bastón. Pero, según pude verificar en los sucesivos trabajos de documentación, Parsifal prosiguió la doble búsqueda con idéntico entusiasmo.

Éste, para mí, desconocido enigma —la «Piedra de la sabiduría»—, aunque estrechamente vinculado al falso Grial, sí me puso en guardia. Y traté de reunir las piezas del «rompecabezas». ¿Qué se sabía del aparentemente poderoso «Bastón de mando»? ¿Por qué las sociedades herméticas, los caballeros de la Tabla Redonda y los Templarios, entre otros, lo buscaban con tanto afán?

Las pesquisas, lejos de despejar el misterio, terminaron por oscurecerlo hasta límites insospechados. Siguiendo el hilo de la tradición y de un buen número de documentos iniciáticos pude llegar hasta el siglo XII. En las obras de Chretien de Troyes (trovador de 1140) y de Wolfram (místico y poeta alemán) se canta, en efecto, la «vida y milagros» de Parsifal, haciendo alusión concreta a la santa misión de búsqueda del Graal y del «Bastón que habla». El primero dedica al mítico y misterioso caballero nada menos que nueve mil versos. El segundo construye entre 1150 y 1170 el más importante poema conocido de la antigüedad, en honor al célebre súbdito del rey Arturo. En dicho «canto», que, al parecer, sirvió de base e inspiración a Wagner para la composición de su ópera *Parsifal*, aparecen algunos versos desconcertantes. En la «montaña del sol», por ejemplo, se dice textualmente:

En qué lejana cordillera podrá encontrar a la escondida Piedra de la sabiduría ancestral que mencionan los versos de los veinte ancianos, de la isla Blanca y de la estrella Polar. Sobre la montaña del Sol con su triángulo de luz surge la presencia negra del Bastón austral, en la Armórica antigua que en el sur está. Sólo Parsifal, el ángel, por los mares irá con los tres caballeros del número impar, en la Nave Sagrada y con el Vaso del Santo Grial, por el Atlántico Océano un largo viaje realizará hasta las puertas secretas de un silencioso país que Argentum se llama y así siempre será. El caballero del Sol, con su fuerza caminará, llevado por la Piedra del combate ancestral. Diadema de Lucifer, luz de corona encantada convertida en vaso, por el poder del Dios Vultán junto al Bastón de Mando, por los siglos, descansará...

¿Cómo es posible que en el siglo XII alguien hablara de tierras, más allá del Atlántico, que se hallaban por descubrir? ¿Es que Parsifal viajó hasta «Argentum» (¿Argentina?), con la misión de localizar la «Piedra de la sabiduría»?

Y por si no fuera suficiente con tales «aclaraciones», el críptico Eschenbach añade:

> «... De dónde ha salido el caballero angelical si hace milenios en el corazón de Pamir nació. Los Hiperbóreos lo recuerdan como un Vril convertido en el defensor del Vaso Sagrado, de la música cósmica y de todo el lugar. Para buscar las Tierras Blancas, de la Galia partió, como buen Templario la Cruz Gamada lo acompañó. Antiguos viajeros del Himalaya y la Rueda del Sol le dieron la presencia del milenario Bastón en las altas montañas del Argentum Polar. Porque el Lapis Exilis fue caído del Cosmos envuelto en un tonante fuego celestial. Oculto lo mantuvieron los Dioses de la Tierra en un Monte Sagrado de la innombrada Viarava donde Vultán le otorgará su Mágico Destino...»

Al sondear estas «puntualizaciones» del poeta alemán me vi definitivamente perdido. En efecto, la «entidad» que protagoniza el «canto» —Parsifal— presenta raíces indoarias, extraordinariamente alejadas en el tiempo. Muy posiblemente, este personaje entró a formar parte de la mitología asiática hace miles de años y, con el paso de los siglos, su historia, nombre y misión fueron «absorbidos» por la cultura cristiano-occidental. Y es verosímil que la primigenia y sagrada búsqueda —la existente en las referidas leyendas indoarias— estuviera centrada, obviamente, en la «Piedra de la Sabiduría que cayó del Cosmos» y no en el Santo Grial, de «creación» mucho más reciente. Aun así, a pesar de las «deformaciones» propiciadas por el hombre y por la historia, la antiquísima creencia en torno a ese mágico-mítico «Bastón de Mando» logró sobrevivir, siendo incorporada —aunque sólo fuera en segundo plano— a los «esforzados trabajos» del Parsifal medieval. Y olvidándome, por el momento, de los laberínticos orígenes de la «Piedra que habla» fui a centrarme en las noticias que señalaban su hipotética ubicación: a todas luces, el cono sur americano.

Y con no poca sorpresa fui constatando que, mucho antes que este humilde investigador, otros hombres de ciencia, aventureros, místicos, iluminados, e, incluso, expediciones militares de muy diferentes países, se habían interesado por el «Bastón de Mando». El célebre filósofo e iniciado inglés Roger Bacon se refiere a él en una obra publicada en el año 1230. Y asegura sin titubeos que «el Libro Sagrado y la Piedra de la Sabiduría se encuentran escondidos en una cordillera de un lejano y silencioso territorio, situado en el extremo meridional del Hemisferio Sur». En 1830, un ambicioso jefe araucano —conocedor de las leyendas de las tribus que habitaban el norte y centro de la Argentina y en las que se recogía la existencia del «Bastón de Mando» o «Piedra Imán»— decide penetrar con sus guerreros en las sierras de la Ventana, Tandil, Balcarse, Pillahuincó y San Luis, llegando incluso al sur de la ciudad de Córdoba. Calfucurá sabe que quien posea la «Piedra que habla» dominará el mundo. Pero sus intentos fracasan. Y el misterioso «Bastón» continuará oculto durante cien años más. En esta enrevesada historia, servidor iría de sorpresa en sorpresa. Al examinar las tradiciones de los indios de las Sierras Chicas o de Viarava y las Sierras Grandes o de Charava, al norte de Argentina, comprobé estupefacto cómo, en efecto, muchas de ellas se referían «a la llegada de un hombre santo, blanco y barbado, que, tras una larga búsqueda, había muerto en la Montaña Sagrada». Y ahora era el guardián de la «Piedra de la Sabiduría». Los descendientes de una de estas tribus —los «comechingones»— me aclararon que dicha «Montaña Sagrada» recibe hoy el nombre de Uritorco o «Cerro que Truena». El monte en cuestión se halla enclavado a pocos kilómetros de la localidad de Capilla del Monte, en la referida provincia argentina de Córdoba. Y el enigma, como digo, siguió enroscándose sobre sí mismo. ¿Quién era ese «hombre santo»? ¿Quizá el Parsifal que fuera cantado por el poeta alemán en el siglo XII? Pero, ¿cómo era posible?

Y la fama de esta mágica piedra, en especial entre los iniciados y las sociedades secretas, alcanzaría tal auge que, entre 1920 y 1940, sucesivas expediciones de ingleses, alemanes, indios, japoneses y franceses se lanzarían a su «caza y captura», explorando el cerro Milimoyu, en los Andes, así como las montañas de Casuati, Calaguala y Cabana. El propio Hitler —avisado por los ocultistas que le rodeaban y aconsejaban— organizó una secreta misión, con el exclusivo fin de apoderarse del celebrado «Bastón de Mando», de la «Cruz Gamada» y el «Santo Grial» que, según la tradición, había portado Parsifal. Y removió buena parte de Europa y Asia, explorando las viejas construcciones cátaras y templarias. Y uno de los «comandos» llegó también hasta Sudamérica, adentrándose en Bolivia, Chile y Argentina. Pero Hitler fue burlado por el destino. En 1934, un humilde y casi irrelevante personaje que respondía al nombre de Orfelio Ulises halló al fin la codiciada pieza, evitando que cayera en poder de los nazis. Pero Ulises no encontró el «Bastón de Mando» por casualidad. Durante ocho años había permanecido en el Tíbet, iniciándose en profundas enseñanzas esotéricas. Y fue allí donde supo de la «Piedra que habla» y de cómo hallarla. Fueron los maestros de la mítica «Samballah» quienes le hablaron de la legendaria piedra y de sus ocultos poderes. Porque el «Bastón de Mando» —según la remota mitología que lo arropa y defiende— fue creado por los dioses para «regenerar» a la especie humana. La «Piedra de la Sabiduría» contiene todas las respuestas y «habla» a quien le pregunte.

Y de acuerdo con las enseñanzas recibidas, Orfelio Ulises regresó al continente americano, iniciando una tenaz y meticulosa búsqueda. Años más tarde, al excavar al pie de la «Montaña Sagrada» —el Uritorco—, apareció ante sus atónitos ojos un negro y pulido bastón de basalto. Aquél, en opinión de Ulises y de cuantos maestros herméticos han podido examinarlo, era el «talismán arrojado desde los cielos».

Y la «Piedra de la Sabiduría» permanece desde entonces en Argentina, bajo la celosa vigilancia de una sociedad iniciática. En 1948, el arqueólogo e ingeniero alemán Jorge von Hauenschild procedió a un exhaustivo análisis de la pieza. El pulido —netamente neolítico— presenta una antigüedad aproximada de ocho mil años. Su longitud es de 1,10 metros por cuatro centímetros de diámetro en su base. El cuerpo del bastón ha sido trabajado en forma de cono, alcanzando un peso de cuatro kilos. De acuerdo con las pruebas de espectrografía, en sus extremos y en la zona central fueron detectados sendos e intensos campos electromagnéticos de origen desconocido. Gracias a una serie de «contactos», cuya identidad no estoy autorizado a revelar, he tenido acceso a la «Piedra que habla» en dos oportunidades. Y, sinceramente, no he observado ni percibido nada extraordinario. A pesar de las «maravillas» relatadas por su «guardián», el profesor Terrera, el «Bastón de Mando» no parece haber modificado la suerte de los argentinos y mucho menos la del mundo. De ahí que, con todos mis respetos a cuantos lo veneran, me formule una casi obligada pregunta: ¿estamos, en verdad, ante la auténtica «Piedra de la Sabiduría», de la que hablan los iniciados y que fue la obsesión de Parsifal?

El profesor Terrera, «guardián» del bastón de piedra encontrado en el norte de Argentina. (Foto: J. J. Benítez.)

La «Montaña Sagrada» o cerro Uritorco. (Foto: J. J. Benítez.)

J. J. Benítez, sosteniendo el mítico «Bastón de Mando».

EL SECRETO DE LUCÍA

No puedo remediarlo. Cada vez que me enfrento a este enigma dudo del carácter democrático de la Iglesia católica. Están a punto de cumplirse setenta y cinco años y la «cúpula» vaticana sigue encerrada en un mutismo que sólo contribuye a fomentar las especulaciones. Y el lector tendrá que reconocer conmigo que setenta y cinco años son muchos años...

La verdad es que he perdido la cuenta. Puede que en estas dos últimas décadas haya intentado desvelar el llamado «tercer secreto de Fátima» en más de diez ocasiones. Pues bien, todo ha sido inútil. La Santa Madre Iglesia —de la que forman parte mil millones de personas— «no sabe y no contesta». Pero, ¿por qué? ¿Qué puede encerrar ese supuesto «mensaje divino» para que ninguno de los cinco pontífices que, al parecer, lo han leído haya sido capaz de hacerlo público?

Después de tantos años de consultas e indagaciones he llegado a formarme una idea bastante precisa sobre el particular. Pero, antes de exponerla, conviene echar un vistazo al contenido de los dos primeros «secretos». Algunos de sus párrafos —desde mi punto de vista— dejan mucho que desear en lo que a su «origen divino» se refiere. El lector juzgará por sí mismo.

Obedeciendo a una carta de su obispo, el 25 de julio de 1941, Lucía, la única sobreviviente de las misteriosas apariciones de 1917 en Cova de Iría, escribía lo siguiente:

> ...El secreto consta de tres cosas distintas, dos de las cuales voy a revelar.
> La primera fue, pues, la visión del infierno.
> Nuestra Señora nos mostró un mar de fuego que parecía estar debajo de la tierra. Sumergidos en ese fuego estaban los demonios y las almas como si fuesen brasas transparentes y negras o bronceadas, con forma humana. Llevados por las llamas que de ellos mismos salían juntamente con horribles nubes de humo, flotaban en aquel fuego y caían hacia todos los lados igual que las pavesas en los grandes incendios sin peso ni equilibrio, entre gritos y gemidos de desesperación que horrorizaban y hacían estremecer de espanto. Los demonios se distinguían por formas horribles y repugnantes de animales espantosos y desconocidos pero transparentes y negros. Esta visión duró sólo un momento...

En palabras de la vidente, esta «visión» fue protagonizada por los célebres pastorcillos lusitanos el 13 de julio de 1917.

Ni que decir tiene que la teología moderna o los creyentes con un mínimo de sentido común rechazan de plano la existencia del «infierno» y, por añadidura, la referida y macabra «visión» de unas almas consumiéndose en un «mar de fuego». Para los que nos consideramos hijos de un Padre Universal —que sólo sabe del amor—, la posibilidad de un «infierno» constituye una de las peores «calumnias» que ha podido levantar el ser humano contra Él. En consecuencia, una de dos: o el primer «secreto» de Fátima fue una confusión de los videntes, o una muy poco caritativa fórmula de «amedrentamiento» de la sociedad de aquel tiempo por parte de los «responsables» de las apariciones. Tanto en uno como en otro caso, el origen e intencionalidad divinos del «mensaje» quedarían en entredicho.

En cuanto al segundo «secreto» —al hacer alusión a temas más puntuales— la cosa cambia. Según Lucía, en esa tercera aparición, la Señora les anunció el próximo fin de la guerra (se refería a la Primera Guerra Mundial). Y así fue. «Pero, si no dejan de ofender a Dios —continuó la Señora— en el reinado de Pío XI comenzará otra peor.»

Y volvió a acertar. El pronóstico se cumpliría el 12 de marzo de 1938, con la invasión de Austria por las tropas de Hitler.

Y el segundo «secreto» continuaba así:

... Cuando veáis una noche alumbrada por una luz desconocida, sabed que es la gran señal que Dios os da que va a castigar al mundo por sus crímenes, por medio de la guerra, el hambre y las persecuciones a la Iglesia y al Santo Padre. Para impedirlo vendré a pedir la consagración de Rusia a mi inmaculado corazón y la comunión reparadora de los primeros sábados. Si atendieran a mis peticiones, Rusia se convertirá y habrá paz; si no, ella esparcirá sus errores por el mundo promoviendo guerras y persecuciones a la Iglesia. Los buenos serán martirizados, el Santo Padre tendrá mucho que sufrir, varias naciones serán aniquiladas. Por fin mi corazón inmaculado triunfará. El Santo Padre me consagrará a Rusia que se convertirá y será concedido al mundo algún tiempo de paz.

Vayamos por partes. Muchos defensores del misterio de Fátima han identificado la «noche alumbrada» con una aurora boreal registrada entre el 25 y el 26 de enero de 1938. Aunque con muchas reservas, efectivamente, podría calificarse como una «señal». Sin embargo, el resto del «mensaje» no aparece claro. Y me explico. La Segunda Guerra Mundial, a la que alude este segundo «secreto», no fue provocada por Rusia, sino por la Alemania nazi. Fue después de la contienda cuando, en plena guerra fría, la Unión Soviética se alzó como una amenaza para el mundo occidental. Pero, en honor a la verdad, la responsable de tan tensa y dramática situación mundial no fue únicamente la Unión Soviética. También Estados Unidos, Japón y otras naciones contribuyeron lo suyo a semejante estado de cosas. ¿Cómo entender entonces las palabras de la Señora?

El 7 de julio de 1952, en efecto, el Papa se decidió al fin a consagrar a Rusia al corazón inmaculado de María. Pero, ¿cambió la situación? ¿Rusia se convirtió? ¿Le fue concedido al mundo un tiempo de paz? La crisis de los misiles de Cuba y las sucesivas guerras de los Seis Días, de Vietnam, del Yom Kippur, de Afganistán, de Irán-Irak, etc., hablan por sí solas...

Ciertamente, en 1989 y 1990, el mundo asistió a un radical cambio en la vieja Rusia y en los países del Este. Pero habían transcurrido treinta y ocho años desde la consagración de la Unión Soviética por parte del Papa... Y es más: en estos momentos —febrero de 1991—, ese «cambio» en las estructuras soviéticas parece más aparente que real.

Y a la vista de lo expuesto vuelvo a plantearme el problema de fondo: ¿merecen credibilidad los dos primeros «secretos» de Lucía y sus compañeros de apariciones? En pura lógica, si los «mensajes» conocidos destacan por su confusión y graves errores, ¿por qué presuponer que el tercer «secreto» sea diferente? ¿No será ésta la verdadera razón que obliga a guardar silencio al Vaticano? Recuerdo unas palabras del cardenal Ratzinger, uno de los pocos privilegiados que ha tenido acceso al tercer «secreto», que confirman dicha sospecha: «El contenido de la carta de sor Lucía sigue siendo secreto y no ha sido publicado nunca por nadie. Si se ha tomado la decisión de no hacerlo público no es porque los papas quieran esconder algo terrible, sino porque el Papa considera que dicho secreto no añade nada a todo lo que el cristiano sabe por la Revelación ni a las revelaciones marianas aprobadas por la Iglesia en sus contenidos ya conocidos. Estas revelaciones no hacen sino confirmar la necesidad de la penitencia, de la conversión, del perdón y del ayuno.»

Pero, curiosa e inquieta, la opinión pública mundial —al menos la que se dice creyente— no termina de resignarse y, de vez en vez, exige a los pontífices que abran el viejo «secreto». Y en los últimos treinta años, fruto de esa incertidumbre, han surgido decenas de supuestas «filtraciones». Una de las más aparatosas tuvo lugar el 5 de noviembre de 1978. Ante la sorpresa de medio mundo, el prestigioso diario francés *Le Monde* publicaba en su segunda página un recuadro «de pago», a dos columnas, en el que la organización Fátima, Sagrados Corazones de Maremme, revelaba las claves del codiciado enigma. Según esta información, la Señora de Fátima había anunciado «una gran guerra en la segunda mitad del siglo».

Pero, ni ésta ni las sucesivas publicaciones alusivas al «sobre lacrado» enviado en 1957 a Roma disfrutan en la actualidad de la menor credibilidad. Se sabe que en 1980, durante la estancia de Juan Pablo II en la ciudad alemana de Fulda, en el transcurso de una conversación, el pontífice hizo algunas alusiones a las «revelaciones de Fátima». Y habló de «océanos que invadirán los continentes, de hombres arrebatados a la vida de modo repentino y por millones y en un instante...». Inmediatamente, al publicarse la conversación, la Sala de Prensa del Vaticano lo desmintió sin paliativos. Pero las personas que habían asistido a la tertulia presentaron las grabaciones...

¿Puede ser ése el contenido del tercer «secreto»? ¿Estaríamos a las puertas de una Tercera Guerra Mundial? La intuición —a pesar de la crítica situación por la que atravesamos en estos momentos— me dice que no. Y puestos a especular sobre tan impenetrable enigma, ¿por qué rechazar esa otra posibilidad —en la mente de muchos— que sí justificaría el empecinado silencio de la Iglesia? Estoy pensando, naturalmente, en el final del papado...

Pero tan delicado asunto merece un capítulo aparte.

Lucía (a la derecha), *junto a sus compañeros de apariciones.*

Sor Lucía —hoy hermana María del Corazón Inmaculado nacida el 3 de marzo de 1907, en una de sus últimas apariciones en la ciudad portuguesa de Coimbra. (Foto: F. Segura.)

EL SECRETO DE MALAQUÍAS

¿El fin del Pontificado? Si éste fuera el contenido del tercer «secreto» de Fátima, tampoco sería la primera vez que alguien se arriesga a pronosticarlo. En algunas de las más sonadas profecías que ruedan por el mundo ya se habla de ello. Personalmente, ni las de Nostradamus, ni las de la Gran Pirámide, ni tampoco las de Juan XXIII —por mencionar las más relevantes— me inspiran excesiva confianza. Hay una, en cambio, que sí parece fiable. Una profecía no tan popular pero que, a juicio de los expertos, ha cosechado notables aciertos. Una profecía enteramente relacionada con los papas..., y su posible extinción. Una profecía —la de san Malaquías— que no he dudado en incluir entre «mis enigmas favoritos».

Buena parte de mis conocimientos sobre estos misteriosos textos nació al socaire de un jesuita: el padre Juan Manuel Igartua, de la Universidad de Deusto. No exagero al afirmar que se trata de una de las máximas autoridades europeas en la investigación y en el estudio de dicha profecía. Pero entremos en harina. ¿Quién era san Malaquías? ¿Por qué sus insólitas «predicciones» han causado tanto impacto?

Todo empezó en el siglo XVI, cuando un monje de gran fama por su santidad y sabiduría —Arnoldo de Wion— publicó un libro titulado *Lignum vitae*. Corría el año 1595. En dicha obra, Wion incluyó una lista de 113 lemas o leyendas sobre otros tantos pontífices. Pues bien, en la introducción a la famosa «lista», el monje escribía textualmente:

> En Down (Irlanda-Hibernia), bajo el arzobispo de Armagh.
>
> SAN MALAQUÍAS, irlandés, monje de Bencor y arzobispo de Ardinac, habiendo presidido aquella sede durante algunos años, renunció al arzobispado por motivos de humildad, hacia el año del Señor de 1137. Y contento con la sede de Down (Dunensis) permaneció en ella hasta el fin de su vida. Murió el año 1148 el día 2 de noviembre. (Referencia: San Bernardo, en la vida que escribió de él.)

Según este monje, la profecía —en forma de lemas— había sido escrita por san Malaquías en pleno siglo XII. La Iglesia reconoce que Malaquías fue una figura de notable relieve, tanto por su santidad como por los «dones carismáticos de milagros y profecías con que estuvo adornado». Entre estos hechos milagrosos, san Bernardo —que escribió la vida de san Malaquías en treinta y un capítulos— cuenta, por ejemplo, cómo el santo irlandés llegó a predecir su propia muerte. Y al contrario de lo que sucede hoy día con algunos futurólogos, Malaquías acertó... El suceso tuvo lugar diecinueve días antes del fallecimiento.

Puesto que no ha sido hallado el documento original que pudo haber escrito san Malaquías en relación a esas 113 leyendas, lemas o profecías, en la actualidad existen dudas sobre la paternidad de dicha «lista». La existencia de tal documento, sin embargo, sí parece una realidad. El propio Wion se refiere a él con claridad. Y tampoco podemos olvidar que el «original» de la profecía fue copiado por el maestro impresor de Venecia, M. Angelers en 1595, a petición de Wion. Y gracias a ello lo conocemos. Es posible que el manuscrito original se encuentre perdido en cualquier archivo o biblioteca del mundo.

Parece probable —en opinión de los especialistas— que el documento del monje Wion esté inspirado o sea una copia, en sus sesenta y nueve primeros lemas, del libro de Onofre Panvinio: *Epitome Romanorum Pontificum,* publicado por dicho historiador en 1557. Es decir, treinta y ocho años antes. Para el padre Igartua, este agustino —Pamvinio— pudiera haber sido el verdadero autor de la llamada profecía de san Malaquías. Los lemas aparecen divididos en dos grandes bloques: del número 1 al 69 y de ahí en adelante, hasta el mencionado 113. La primera mitad —hasta el 69— parece confeccionada casi como un juego y merced, sin duda, a la gran erudición y conocimientos eclesiásticos de Panvinio. La segunda parte, en cambio, sobre los papas futuros, es otra historia. Y ahí surge la profecía con toda su fuerza.

La «lista» en cuestión —que no es otra cosa, insisto, que una sucesión de lemas relativos a los papas— arranca con Celestino II, que vivió en 1143. Precisamente en tiempos de Malaquías. Dada la gran extensión de la profecía, me limitaré a bucear en las últimas leyendas; es decir, las relativas a los Pontífices de «nuestro tiempo».

Con el número 105 —«Fides intrepida» o «La fe intrépida»— se hace alusión a Pío XI, que gobernó entre 1922 y 1939. Pues bien, la profecía «encaja» de lleno en la trayectoria de este papa y en su «intrépida fe». En 1925 proclamó la realeza de Cristo. En 1928 defendió el carácter reparador del culto al Corazón de Jesús y en 1933 instituyó el Año de la Redención. Esta «fe», especialmente «intrépida», alcanzaría su máximo nivel con la publicación de dos valientes encíclicas: una contra el comunismo y la otra contra el nazismo hitleriano.

¿Y qué decir de la profecía 106? El lema dice textualmente: «Pastor angelicus» o «El pastor angélico», en una clarísima alusión al siguiente papa: Pío XII (1939-1958).

Curiosamente, la familia Pacelli Eugenius —de la que nacería Pío XII— luce en su emblema la paloma de Noé. Y según el análisis de los investigadores el lema «pastor angelicus», que tiene resonancias bíblicas y una fuerte tradición medieval, significa «un pastor mensajero» o «que anuncia». Pío XII presenta en su nombre y apellidos notables señalamientos: «Eugenio», que quiere decir «de buena raza y noble de condición» y «Pacelli», que procede de «pace» (paz). Su escudo, que corresponde al apellido familiar, presenta la paloma del arca de Noé con el ramo de olivo en el pico, sobre un monte y el agua del diluvio. Es la paloma noética —«mensajera de la paz»— de Dios sobre la tierra que la anunció al regresar al arca. En otras palabras, un «mensajero de paz» o «pastor angelicus». Por otra parte, Pío XII ha quedado retratado como un auténtico «mensajero de paz» entre los horrores de la Segunda Guerra Mundial.

Y llegamos al lema o profecía 107: «Pastor et nauta» o «Pastor y navegante» destinado al inolvidable Juan XXIII (1958-1963).

218

Cuando fue elegido Pontífice desempeñaba el puesto de cardenal-patriarca de Venecia y recibía el título de «Pastor Venetiarum» o «Pastor de Venecia». El propio Juan XXIII, en la tercera sesión del Sínodo Romano de 1960, declaró abiertamente que la imagen de Jesús que había dirigido su vida eclesiástica era la del Buen Pastor. Y todos, sin excepción, reconocerían que la vida de este papa fue la de un «maravilloso y buen pastor», así como un notable «navegante» y «piloto», capaz de «guiar la nave de san Pedro como nadie hasta esos momentos». Como es sabido, el Concilio Vaticano II constituyó uno de los más importantes «giros» en el rumbo de la Iglesia.

Y resulta igualmente asombroso que la palabra «nauta» aparezca tan sólo en dos ocasiones en toda la profecía. Una para designar a Gregorio XII, en 1406, y la otra con Juan XXIII. Curiosamente, ambos papas tuvieron relación con Venecia, la ciudad de los navegantes. Gregorio XII era natural de dicha capital y Juan XXIII, como fue dicho, ocupó el patriarcado de la misma antes de su elección como Papa.

La profecía, nuevamente, se había cumplido.

El siguiente en la «lista» fue Pablo VI. Su lema: «Flos florum» o «Flor de las flores» (1963-1978).

Asombrosamente, en el escudo de este pontífice figuraba, y por triplicado, la flor de lis: la flor de las flores. Hay que reconocer que el acierto —a 368 años de la publicación de dicha «lista»— es rotundo...

Pero fue en el papa Juan Pablo I donde la profecía se manifestó «redonda». Veamos...

Con el lema 109 —«De medietate lunae» o «De la mitad de la luna»— nos encontramos ante el malogrado Juan Pablo I (1978).

Y en este caso, como digo, Malaquías me dejó perplejo. El nombre de Juan Pablo I era Albino. Su apellido, Luciani. Pues bien, el primero forma pareja con el segundo: «luz blanca». Justamente, el color de la luna.

Su lugar de nacimiento —Forno di Canali, en la diócesis de Belluno o Bellunensis— hace referencia igualmente a la luna: «Bel-Luno» (la luna es denominada en latín como «Luno», en masculino). «Luno» y «Belluno» son, por tanto, nombres de origen romano.

Por otro lado, la elección de Juan Pablo I ocurrió el 26 de agosto de 1978 a las seis de la tarde. Esa misma noche (la del 25 al 26) fue el día astronómico de la «media luna». También su nacimiento, acaecido el 17 de octubre de 1912, ocurrió en cuarto creciente. Y lo mismo sucedió con la fecha de su ordenación sacerdotal (7 de julio de 1935), con la elección como obispo de Venecia (15 de diciembre de 1958) y como patriarca de dicha ciudad (15 de diciembre de 1969). En cada una de esas importantes conmemoraciones, la luna se hallaba «en su mitad»... En cuanto a la última fecha —quizá la más notable—, la de su designación como pontífice, también coincidió con la «mitad de la luna». Este encadenamiento de «sorpresas» se ve fortalecido cuando se consulta el Anuario Pontificio de 1978. Al revisar los nombres, lugares de nacimiento y características personales de los 130 cardenales que entraron en aquella ocasión al cónclave —y del que resultó elegido Juan Pablo I—, ni uno solo tiene vinculación alguna con el lema «De la mitad de la luna». Luciani, en cambio, reúne hasta cuatro referencias personales. Expresándolo en términos matemáticos, la probabilidad para que se produzca ese múltiple acierto es de 1/1382... Sobra todo comentario.

Y llegamos al actual pontífice. La «lista» de Malaquías «habla» también de Juan Pablo II aunque, obviamente, hasta que no concluya su papado no estaremos en condiciones de analizar la profecía en profundidad. De momento, esto es lo que sabemos:

El lema número 110 dice «De labore solis» o «De la fatiga o el trabajo del sol». Y fue a «coincidir» con el cardenal polaco Karol Wojtyla, designado sucesor de san Pedro un 16 de octubre de 1978. Porcellini, en su libro *Lexikon* señala que «labor», en latín, significa, en primer lugar, «una caída de fuerzas» del que actúa. Esto se presta a una doble interpretación:

Primera: estamos ante un papa que «vino del frío». Juan Pablo II procede de un país con un sol «sin fuerzas», donde los ríos y lagos se hielan en invierno y en el que las temperaturas invernales descienden hasta treinta grados bajo cero.

Segunda: el 13 de mayo de 1981 —en opinión de los estudiosos de la profecía—, con el gravísimo atentado de que fue objeto el pontífice, se produjo un evidente «desfallecimiento» y «caída de fuerzas», tanto en la persona de Juan Pablo II como a nivel eclesiástico y yo diría que de toda la comunidad mundial.

Si se toma la palabra «solis» (del sol) como un símbolo de la Iglesia y del propio papa, el lema en cuestión resulta acertado. Existe otro precedente en la mencionada «lista» de Malaquías: el número 49 («Flagellum solis» o «El flagelo del sol»), que correspondió a Alejandro V, un antipapa.

También es curioso que sean éstas las dos únicas referencias al sol en toda la «lista»...

¿Se trata entonces de una «caída de fuerzas» o de un «desaliento» de la Iglesia católica como institución o estamos ante una profecía que se refiere exclusivamente a la figura de Juan Pablo II?

Hoy por hoy, la intransigencia y el casi medieval conservadurismo del actual papa parecen otorgar la razón a la profecía. Los escándalos financieros de la Banca Vaticana y el «cisma» provocado por la llamada Teología de la Liberación son dos ejemplos reveladores que, en definitiva, han deteriorado la imagen de la Iglesia. Y puede que no sean los únicos, ni tampoco los últimos sucesos que «mermen sus fuerzas». El tiempo —a no tardar— nos lo dirá...

Y llegamos al final de la profecía. Los lemas 111, 112 y 113 —relativos a los últimos papas— rezan así:

«Gloria olivae» o «La gloria del olivo» (111).

«In persecutione extrema» o «En la última persecución» (112).

«Petrus Romanus» o «Pedro Romano» (113).

Según los expertos, la profecía 111 pudiera estar anunciando un tiempo de paz mundial. Y deberá corresponder a un pontífice bajo cuyo gobierno reinará la paz. Este papa —todavía anónimo— será el sucesor de Juan Pablo II. Y en su escudo, en su nombre o apellidos, en sus características personales y familiares o, simplemente, en su pontificado, deberá «brillar» el ya referido lema: «La gloria del olivo».

Y según san Malaquías, acto seguido se producirá una dura persecución de la Iglesia católica. Así se deduce del lema 112: «En la última persecución». Pero, ¿a qué suerte de tribulaciones y sufrimientos puede referirse la profecía?

Por último, en cuanto al lema 113, los investigadores no saben a qué atenerse. ¿Estaríamos ante el último papa? ¿Se trataría del final del Vaticano y, con él, de la Iglesia católica?

Algunos especialistas en san Malaquías opinan que «Pedro Romano» quizá sea una síntesis o una clave de toda la profecía.

Sea como fuere —a la vista de los rotundos e impresionantes aciertos— cabe la posibilidad de que, en un futuro no excesivamente lejano, el mundo asista perplejo a la desaparición o a una profunda transformación de lo que, durante dos mil años, se ha dado en llamar Iglesia Católica, Apostólica y Romana...

Y puede que ese «suceso» se corresponda con el bíblico y no menos anunciado «final de los tiempos». Pero, no un «final» apocalíptico o catastrofista, sino luminoso y definitivamente benéfico para esta castigada humanidad. Un «final» que podría marcar el «principio» de una nueva era...

Gens perversa.	Animal rurale.	Flos florum.
In tribulatione pacis.	Rosa Vmbriae.	De medietate lunae.
Lilium & rosa.	Vrsus velox.	De labore solis.
Iucunditas crucis.	Peregrin' apostolic'.	Gloria oliuae.
Montium custos.	Aquila rapax.	In psecutione. extrema S.R.E. sedebit.
Sydus olorum.	Canis & coluber.	Petrus Romanus, qui
De flumine magno.	Vir religiosus.	pascet oues in multis tribulationibus
Bellua insatiabilis.	De balneis Ethruriae.	quibus transactis ci
Poenitentia gloriosa.	Crux de cruce.	uitas septicollis di
Rastrum in porta.	Lumen in caelo.	ruetur, & Iudex tre
Flores circundati.	Ignis ardens.	mendus iudicabit po
Ite bona religione.	Religio depopulata.	pulum suum. Finis.
Miles in bello.	Fides intrepida.	
Columna excelsa.	Pastor angelicus.	

Quae ad Pontifices adiecta, non sunt ipsius Malachiae, sed R.P.F
Alphonsi Giaconis, Ord. Praedicatorum, huius Prophetiae interpretis

Episcopatus de littera E.
Cap. XLI.

Electus in Anglia, sub Cantuariensi Archiepiscopo.

D. 8   OANNES, Anglus, monachus, & Abbas Monasterii de fontibus in Anglia, vir simplex & iustus, ac recedens à malo, Episcopus in locum Eustachii creatus & consecratus, anno 1220. die 8. Mensis Martii, in Doublelandensae, & cum annis quinque optime praesidisset, obiit anno 1225. Mense Iunio. *Matthaeus Vestm. ad annum eiusdem.*

In psecutione. extre
ma S.R.E. sedebit.
Petrus Romanus, qui
pascet oues in mul
tis tribulationibus:
quibus transactis ci
uitas septicollis di
ruetur, & Iudex tre
mędus iudicabit po
pulum suum. Finis.

In psecutione.

In persecutione extrema S.R.E.
sedebit.
Petrus Romanus, qui pascet
oues in multis tribulatibus, quibus transactis Ciui
septicollis diruetur, & Iud
tremendus iudicabit populi
suum.   Finis.

In persecutione extre
ma S. R.E. sedebit Petrus
Romanus qui pascet oues
in multis tribulationibus:
quibus transactis ciuitas
septicollis diruetur, & iu
dex tremend° iudicabit po
pulum suum. FINIS.

*El final de los intrigantes 113 lemas de san Malaquías, según las
ediciones de Wion, Rusca y Messingham.*

ARGELIA: «ASTRONAUTAS»
EN LA EDAD DE LA PIEDRA

Así es la vida del investigador de lo insólito. Hoy estudia el futuro. Mañana, el no menos impenetrable pasado...

Y del hipotético «final» del papado saltaré ahora a otro de mis enigmas favoritos —casi un «hijo predilecto»— y que, obviamente, no podía faltar en este trabajo: los ovnis.

¿Y qué puede decir este aprendiz de casi todo y maestro de nada sobre los mal llamados «objetos volantes no identificados»? La verdad desnuda es que, después de veinte años de febril investigación, de más de tres millones de kilómetros recorridos en su persecución e, incluso, después de haberlos visto, cada vez sé menos...

Tengo muy claro, eso sí, que los ovnis son astronaves «no humanas». Y estoy convencido también que esas civilizaciones nos visitan «desde siempre». Y que «su rastro» está ahí, grabado con sutileza. A veces, pintado o esculpido en las paredes de la prehistoria. En ocasiones, «infiltrado» y «camuflado» en la mitología, en las leyendas, en los libros sagrados de todos los pueblos y hasta en sus más ancestrales ritos, danzas y supersticiones. Basta abrir los ojos y el corazón para percibirlos.

Tassili, en el Sáhara argelino, es uno de los múltiples ejemplos. Casi con seguridad, de entre las evidencias de visitas «no humanas» en el pasado de la Tierra, una de las más claras y sugestivas. Y aunque este misterio, como tantos otros, bien merecería un tratado enciclopédico, me limitaré a «sobrevolarlo», invitando con ello a unos minutos de reflexión, que no es poco...

Al igual que ocurre con otros enigmas, en el de las cinco mil pinturas de Tassili sobran las palabras. Las imágenes lo dicen todo.

Tassili-n-Ajjer saltó a la luz pública en 1933, gracias a las investigaciones de Henri Lhote y su equipo. En una plataforma arenosa de 800 kilómetros de longitud por 60 de ancho, al norte del Hoggar, la docena de científicos que dirigía Lhote fue a tropezar con lo que se ha dado en llamar la «Capilla Sixtina» de la Edad de la Piedra. A saber: millares de pinturas que representan a los hombres y a la fauna que poblaban el Sáhara hace miles de años, cuando el desierto era todavía un vergel. Pues bien, entre esas representaciones pictóricas —ejecutadas en diferentes períodos de la historia—, las más antiguas, fechadas entre 4.000 y 10.000 años antes de Cristo, dejaron estupefactos a los expedicionarios franceses. Entre las escenas de caza, las danzas religiosas, los rituales y las múltiples imágenes de animales salvajes, ganado, etc., aparecía un sinfín de pinturas de «seres» y «objetos» que, a todas luces, nada tenían que ver con los «nativos». Y esos indescifrables personajes fueron bautizados como los «cabezas redondas» y los «nadadores». «Cabezas redondas» porque, a diferencia de los hombres, mujeres y niños que completan los rojizos y violetas «murales» —todos ellos perfilados con una exquisita fidelidad—, estos «seres» presentan unas enigmáticas y desproporcionadas cabezas, provistas de un «solo ojo», de «antenas» y de toda una serie de «elementos» que «no encajan» en el perfil físico de aquellos pobladores de Jabbaren. Nada mejor que las palabras de un estudioso como Jean Gossart para ir aproximándonos al enigma de los «cabeza redondas»: «...a pesar de nuestra legendaria cautela, debemos admitir que estas "cabezas redondas" tienen verdaderamente un aire extraterrestre. Las líneas horizontales a la altura del cuello hacen pensar en los pliegues de un elemento de empalme entre el traje y la escafandra.»

En efecto, ésa es la impresión que proporciona la contemplación de dichas pinturas. Mezclados con los indígenas pueden distinguirse «otros individuos» que parecen portar cascos, trajes y botas que hoy sí somos capaces de identificar. Y junto a estos «astronautas» de la Edad de la Piedra, los pintores de Tassili se esforzaron por «dejar constancia» de otros «seres» no menos ajenos a su primitiva cultura: los «nadadores». Decenas de «hombres y mujeres» igualmente provistos de singulares indumentarias que —para terminar de enredar el misterio— «flotan» en el aire, al estilo de nuestros cosmonautas en sus paseos espaciales. Y mezclado con la fidelísima fauna del lugar —antílopes, elefantes, rinocerontes, etc.—, un tercer «elemento» distorsionador: «objetos» de formas ovaladas y esferoides, provistos de «patas», que «flotan» igualmente sobre los grupos humanos y los rebaños o se «asientan» entre ellos. Una de estas pinturas en particular resulta altamente significativa. En ella, un «cabeza redonda», situado al pie de una imagen ovoide —de la que parten muy familiares «fulgores»— arrastra hacia el «objeto» a un total de cuatro mujeres indígenas. Para los investigadores de ovnis, esta escena —pintada hace más de cuatro mil años— encierra un valor y un «mensaje» casi definitivos. Hoy sabemos de cientos de casos de secuestros en los que los tripulantes «no humanos» introducen a los testigos en sus naves, sometiéndolos a toda suerte de «chequeos». ¿Ocurrió algo similar en el remoto pasado de la Tierra? A la vista de lo expresado en la «Capilla Sixtina» africana, ¿quién se atrevería a dudarlo? La conclusión, aunque pueda parecer fantástica, es casi obligada: los pueblos que habitaron Tassili fueron testigos de excepción de las visitas de astronaves y seres que, con toda probabilidad, descendieron en su hábitat, examinándolos, investigándolos y —quién sabe— quizá hasta procreando con ellos. Y esta serie de «sucesos», obviamente, constituyó el «gran acontecimiento» de sus vidas. Y mereció ser incluido en la más noble y sagrada de sus actividades: las representaciones pictóricas.

Y concluyo con otra consideración de Gossart. Una audaz estimación que no precisa de mayores comentarios: «... No he rechazado a priori la idea de que parte de las pinturas de Tassili pueda tratarse de extraterrestres, partiendo del principio de que una hipótesis no puede ser descartada por la única razón de que parezca extravagante o, simplemente, demasiado atrevida.»

Que el lector, a la vista de estas imágenes, juzgue por sí mismo...

Situación de Argelia.

Junto al ganado y a los indígenas, misteriosos «objetos» que recuerdan las descripciones-ovni recogidas hoy por los investigadores.

Otro de los innumerables enigmas de Tassili. En la presente pintura, localizada en Ti-n-Tazarift, un rebaño de bueyes aparece junto
a toda una serie de pequeños «seres» que se dirigen y penetran en
un no menos insólito «objeto».

El «gran dios marciano», tal y
como fue bautizado por Henri
Lhote. El dibujo —destruido en
su parte inferior— debía alcanzar los seis metros de altura. La
imagen habla por sí sola...

Desconcertante pintura, eje-
cutada por los primitivos pobladores de Tassili; un «cabeza
redonda» y «nadador» «flota»
ingrávido entre los antílopes.

¿Y qué decir ante una escena como ésta? Un «cabeza redonda» arrastra hacia sí y hacia el «objeto» circular situado a la izquierda a un total de cuatro mujeres indígenas.

Algunos detalles —retocados para su mejor comprensión— de la escena que podríamos bautizar como «el rapto». (Gentileza de Rafael Brancas.)

MALÍ: EL «ARCA DE LOS NOMMOS»

Y en ocasiones, como decía, el «rastro» de esas visitas «no humanas» queda inmortalizado, y así puede hallarse, en la «roca» de la tradición oral. Ahí están algunas ancianas tribus de Malí para demostrarlo. ¿Qué otra conclusión puede derivarse de lo transmitido desde hace siglos por los dogones? Porque, aunque suene a fabulación, ya en el siglo XII —y posiblemente desde mucho antes—, estos primitivos africanos «tenían conocimiento» de la existencia de una estrella que fue observada, por primera vez, en la segunda mitad del siglo XIX. ¿Es que los dogones disponían de telescopios? ¿Se trataba quizá de una cultura con avanzados conocimientos matemáticos y astronómicos? Nada de eso.

La primera sorpresa la recibió un prestigioso antropólogo francés, el doctor Marcel Griaule. En 1931, al visitar las tribus que se asientan en los montes Hombori y en la meseta de Bandiagara, en Malí, quedó perplejo ante lo que contaban aquellos atrasados nativos y que conforma la mitología dogon. Según sus ancestros —y así ha sido comunicado de padres a hijos— la estrella Sirio dispone de un «acompañante»: otro «sol» de menores proporciones e «invisible» a los ojos humanos. Y en torno a este sistema estelar, los dogones habían constituido todo un ceremonial sagrado. Sirio recibía el nombre de «Digitaria». En cuanto a la segunda estrella, los dogon la bautizaron como «Po Tolo» (nombre que recibe también la más pequeña de las simientes utilizadas habitualmente por estos pueblos). Y «sabían» igualmente que el segundo sol gira en torno a Sirio, describiendo una órbita elíptica. Y le explicaron al atónito Griaule que «Po Tolo» emplea algo más de cincuenta años en dicho recorrido. El antropólogo, impresionado, regresó a Malí en 1946, extendiendo sus investigaciones a otras etnias sudanesas: los «bambara» y los «bozo», de la región de Segu, y los «minianka», del distrito de Kutiala. Y en la compañía de la también antropóloga Germaine Dieterlen fue verificando cómo aquellos asombrosos conocimientos astronómicos de los dogones eran comunes entre los cuatro núcleos tribales. En 1951, los científicos se decidieron a publicar tan desconcertante hallazgo. Pero su informe —«Un sistema sudanés de Sirio»— no alcanzó eco alguno entre la comunidad científica.

Desde nuestra perspectiva —escribieron con timidez Griaule y Dieterlen— los documentos reunidos no han dado lugar a ninguna hipótesis o investigación de procedencia. Únicamente han sido ordenados en el sentido de que las manifestaciones de las cuatro tribus principales han sido reunidas en una sola exposición. En ningún momento se ha planteado o decidido la cuestión de saber de dónde unas personas totalmente desprovistas de los instrumentos apropiados, pueden conocer el curso y las características especiales de unos astros prácticamente invisibles.

No les faltaba razón a los antropólogos franceses. Porque ese invisible sol que acompaña al brillante Sirio no sería oficialmente «intuido» hasta 1834. En esa fecha, el astrónomo Bessel se percató de que el movimiento de la fulgurante estrella de la constelación del Can Mayor resultaba muy irregular. Y durante diez largos años, Sirio fue «espiada» por los astrónomos, llegando a la conclusión de que «algo» afectaba a su desplazamiento. Y ese «algo» fue bautizado como Sirio B. A pesar de los esfuerzos desplegados, los instrumentos ópticos no lograron detectarlo. Y buena parte de los científicos estimó que quizá se encontraban ante un astro frío, sin luz propia. La verdad es que el formidable brillo de la estrella principal —Sirio o Sirio A— hacía poco menos que imposible la localización del segundo cuerpo celeste. Pero todo llegaría. Y en 1862, al fin, el óptico norteamericano Alvan Clarke conseguiría ver por primera vez en la historia al misterioso «hermano menor» de Sirio. Y los científicos comprobarían —ya en el siglo xx— que Sirio B no era otra cosa que una estrella del tipo «enana blanca», con una escasa luminosidad y un aplastante poder gravitacional. Y determinarían su elíptica y el tiempo que invierte en su desplazamiento junto al majestuoso Sirio A. Exactamente, 50,04 años. Y los astrónomos tuvieron que reconocer que las investigaciones de Griaule y Dieterlen eran tan correctas como sorprendentes. ¿Cómo era posible que las tribus africanas de los dogones supieran de la existencia de Sirio B, de su trayectoria y del tiempo empleado en dicha elíptica?

Pero las «informaciones» de estos primitivos pueblos de Malí no se limitaban a lo ya mencionado. Sus antepasados también les habían transmitido que, además de «su extraordinaria pequeñez», «Po Tolo» es «el más pesado de los cuerpos celestes». («Po», como fue dicho, sirve para designar entre los dogones a la más pequeña de las gramíneas. «Tolo», por su parte, equivale a «estrella».) En lo referente a la extremada «pesadez» de Sirio B o «Po Tolo», la tradición dogon es elocuente:

«... El astro considerado como el más pequeño es, al mismo tiempo, el más pesado cuerpo celeste: Po Tolo es el objeto más diminuto que existe. Es el astro de mayor peso. Está formado por un metal denominado "sagala", algo más brillante que el hierro y de un peso tal que ningún ser de la Tierra logra alcanzar. En efecto, este astro pesa tanto como todo el cereal y todo el hierro de la Tierra.»

«Causalmente», la primera estrella «enana blanca» descubierta por el hombre fue Sirio B. Y al determinar su luminosidad, masa y temperatura se comprobó que era un cuerpo con una masa similar a la del Sol y un radio extraordinariamente pequeño, muy próximo al de la Tierra. Su densidad media fue estimada en una tonelada por centímetro cúbico. Los dogones, una vez más, tenían razón.

Y otro tanto sucedió al comparar los dibujos de los movimientos de traslación de Sirio A y B en el firmamento, así como la trayectoria descrita por «Po Tolo» en torno a la estrella madre. Las elípticas elaboradas por los astrónomos eran gemelas a las que obraban en poder de la tradición de estas tribus.

Y para mayor desconcierto de la ciencia oficial, los dogones hablaron también del movimiento de rotación de «Po Tolo» y del tiempo empleado en dicho giro: un año.

236

Y «sabían» de la existencia del cinturón de asteroides de Saturno y de las cuatro lunas interiores de Júpiter. Como se recordará, fue en enero de 1610 cuando Galileo enfocó el recién inventado telescopio hacia el gigante de nuestro sistema solar, observando por primera vez los cuatro satélites interiores jupiterianos.

Y en esta forzada síntesis sobre los enigmáticos conocimientos astronómicos de los dogones, el investigador termina desembocando en la gran pregunta: ¿cómo lo sabían? Y los depositarios de esta asombrosa tradición narran así el origen de lo que constituiría su más sagrada mitología:

...Hace miles de años llegaron a nuestra tierra los «nommos». Eran unos seres mitad hombres, mitad peces, que vivían en el sistema de Sirio. Eran los señores del agua. Y también fueron llamados por nuestros antepasados como los «instructores» y los «amonestadores». Y bajaron de los cielos, al nordeste en la tierra seca del Zorro. Y llegaron en un «arca», produciendo una enorme polvareda... Y el choque con el suelo lo dejó rugoso y el «arca» patinó sobre la superficie... Y al principio, el «arca» era roja como el fuego y después, al aterrizar, se volvió blanca... Y cuando el «arca» se posó, un chorro de sangre saltó hacia el cielo... Y cuando hubo aterrizado, los «señores del agua» sujetaron el «arca» con cuerdas y la arrastraron hasta una hondonada que, a su vez, llenaron de agua. Y el «arca» flotaba como una piragua...

De acuerdo con las investigaciones de Griaule y Grenville Temple, fueron estos seres «no humanos» quienes facilitaron las ya mencionadas informaciones a las tribus de los dogones. Unos seres que, según las descripciones aportadas por los nativos, podían presentar una configuración física parecida a la de los delfines. Es decir, con boca y órganos respiratorios separados. En este sentido, la tradición especifica que los «nommos respiraban a través de dos delgadas hendiduras situadas encima de cada una de las clavículas».

Para Robert Kyle G. Temple —que estudió el enigma de los dogones durante siete años— este «suceso» pudo ocurrir hace 5.500 años. Y, obviamente, fue tan impactante para los primitivos pobladores de Malí que se ha mantenido vivo y firme en la memoria colectiva de las generaciones, pasando a formar parte de sus danzas y cultos religiosos. Y cada cincuenta años —de acuerdo con el tiempo de traslación de «Po Tolo» o Sirio B—, los dogones celebran su más solemne ceremonia: la fiesta «Sigui». Para este acontecimiento —con el que vienen a expresar su deseo de renovación— utilizan unas máscaras que rememoran la figura de los «hombres-peces», así como la forma del «arca» en la que descendieron los «nommos». Y también, con tan fausto motivo, el jefe de cada aldea dogon confecciona un recipiente en el que se fermenta la primera cerveza. Pues bien, una vez concluida la fiesta, dicho recipiente era obligatoriamente guardado y conservado junto a los que habían sido utilizados en las ceremonias precedentes. De esta forma, sumando los recipientes de fibra de baobab, los antropólogos consiguieron remontarse hasta el siglo XII. Ahí se perdía la «pista» —digamos física— de tan significativa festividad. Pero, aun concediendo que el arranque de la ceremonia «Sigui» se hubiera registrado en dicha época, el misterio de Sirio no tiene explicación racional. A no ser, claro está, que los dogones cuenten la verdad...

Situación de Malí.

La primera fotografía de Sirio B fue lograda en 1970 desde el Observatorio Naval de Estados Unidos. Aparece abajo y a la derecha de la inmensa y refulgente Sirio A, como un pequeño punto blanco.

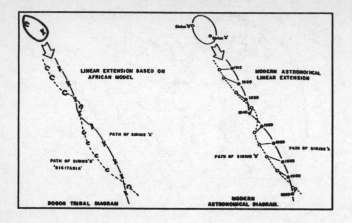

Los respectivos movimientos en el espacio de Sirio A y Sirio B. En el gráfico de la izquierda, según las informaciones proporcionadas por los dogones a Robert K. G. Temple. A la derecha, las trayectorias de dichos astros, de acuerdo con los descubrimientos astronómicos modernos. La coincidencia es desconcertante.

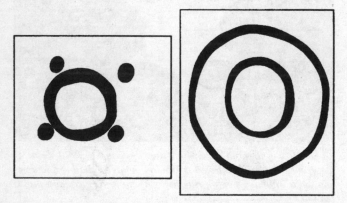

Nuevas sorpresas para los antropólogos. Los dogones también «sabían» —desde hacía siglos— de la existencia de las cuatro lunas interiores de Júpiter y del anillo de Saturno. Así lo reflejaron en los presentes dibujos.

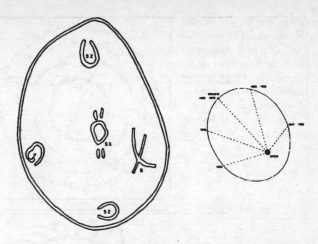

A la izquierda, un dibujo elaborado por los dogones, de acuerdo a lo que les fue transmitido por los «señores del agua». Sirio A aparece marcada con la letra «S». «Po Tolo» o Sirio B figura como «S2». En el centro, otra estrella («S3») y, con la letra «P», un planeta. En la imagen de la derecha, un moderno diagrama astronómico, con la posición de Sirio y la órbita descrita por el «pequeño» Sirio B entre 1920 y 1990.

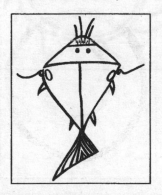

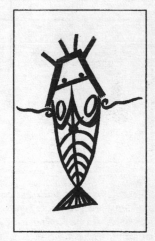

El aspecto de los «señores del agua», tal y como se conserva en la tradición del pueblo dogon.

Otros dos sorprendentes dibujos de los dogones de Malí. Arriba, la imagen del descenso del «arca» de los «nommos». Abajo, la nave rodeada de un torbellino en el momento del aterrizaje. Y todo esto, según Temple, sucedió hace 5.500 años...

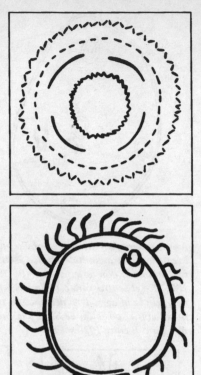

Cada cincuenta años, los dogones celebran la fiesta «Sigui». Y en tan señalada ocasión confeccionan máscaras que recuerdan las cabezas de los «hombres-peces», los «instructores» de sus antepasados. (Gentileza de Michel Huet.)

SIBERIA: LA MÁS GRANDE EXPLOSIÓN
SOBRE LA FAZ DE LA TIERRA

Sé que las evidencias de posibles visitas de civilizaciones «no humanas» en el pasado de la Tierra pueden contarse por decenas. Quizá algún día —entre los sesenta grandes proyectos que bullen hoy en mi atormentado corazón— ponga manos a la obra y me aventure a ordenarlos y a difundirlos. Por el momento, entiendo que las presentes «pruebas» constituyen un «anticipo» tan fascinante como significativo y que, en buena ley, deberían estremecer a la comunidad científica. Lamentablemente, como en otros órdenes de la vida, la ciencia ortodoxa sigue ocupando el furgón «de cola» de la sociedad...

Tassili: un «rastro» de seres «no humanos» que descendieron sobre el Sáhara hace diez mil años.

Malí: un «rastro» de seres «no humanos» que entraron en contacto con las tribus dogon hace 5.500 años.

Y como un tercer «ejemplo», otro suceso más reciente, pero igualmente «desequilibrador» para cuantos se obstinan en la oscurantista hipótesis de que «estamos solos» en el universo: Siberia. Año 1908.

Lugar: a poco más de cien kilómetros al norte de la remota población rusa de Vanavara. El 30 de junio de dicho año —hacia las 7 horas y 17 minutos— una formidable explosión arrasaba 3.100 kilómetros cuadrados de taiga, carbonizando más de un millar de renos y abatiendo como plumas extensas masas boscosas. De sur a norte y a lo largo de más de ochocientos kilómetros, miles —he dicho bien: miles— de rusos de la región comprendida entre el río Tunguska Inferior y la línea del ferrocarril Transiberiano asistían perplejos al vuelo «horizontal» de un objeto cilíndrico —blanco-azulado, y silencioso— que cruzó los cielos a una altura de 5.000 a 7.000 metros y a una velocidad aproximada de 0,7 kilómetros por segundo. Y, de pronto, el «gran tubo», al sobrevolar Keshma, cambió súbitamente de dirección, enfilando hacia el este. Y sobre la región de Preobrazhenka, los atónitos colonos lo vieron girar hacia el noroeste. Segundos después, en un apartado paraje situado entre los ríos Chunya y Tunguska Medio se registraba la más grande detonación conocida hasta hoy sobre la faz de la Tierra. Según los científicos, el misterioso «objeto volante no identificado» se desintegró en el aire, a unos 3.000 metros y con una fuerza equivalente a cuarenta megatones. Es decir, con una potencia diez veces superior a la desarrollada por la bomba atómica lanzada sobre Hiroshima. Y el cielo —así rezan los testimonios de los tunguskos— «se partió en dos». Y un fulgor similar al del sol bañó la inmensidad de la taiga siberiana. Y acto seguido, una ardiente columna —«en forma de lanza»— se alzó desde el horizonte, alcanzando más de veinte kilómetros de altura. Y un «huracán de fuego» y una sucesión de «truenos y cañonazos» barrieron un radio de cien kilómetros, derribando cuanto halló a su paso: hombres, animales, chozas, bosques y hasta los raíles del Transiberiano. Y durante un tiempo «interminable», la tierra tembló en sucesivas oleadas. Y la Tunguska se vio alcanzada por una «lluvia negra».

El estallido fue de tal magnitud que los sismógrafos de medio mundo acusaron el impacto. En un primer momento fue asociado a un poderoso terremoto. Las vibraciones, por ejemplo, fueron captadas en el Centro Sismográfico de Irkutsk, a ochocientos kilómetros al sur de la Tunguska. Y también en Moscú, San Petersburgo y Jena (Alemania), situados a cinco mil kilómetros. Y otro tanto ocurriría en puntos tan remotos como Java y Washington. Y en las noches de ese 30 de junio y del 1 de julio, inmensas y luminosas «nubes plateadas» cubrieron el norte de Rusia, así como buena parte de Europa. La extraña luminiscencia mereció toda suerte de comentarios periodísticos y científicos. Y no era para menos. La luz «nocturna» era tan intensa que, durante dos días, el viejo continente «vivió» un «crepúsculo» interminable. En ciudades como Londres, Viena, Berlín o Copenhague fue posible hacer fotografías durante la noche o leer en el interior de las viviendas sin ayuda de iluminación artificial alguna.

También la meteorología se vio alterada. En las cinco horas siguientes a la explosión, violentas corrientes de aire azotaron el norte de Europa. Durante veinte minutos, los barómetros de seis estaciones inglesas registraron súbitas y anormales fluctuaciones. Y las masas de aire —de acuerdo con los cálculos de los expertos— dieron dos veces la vuelta al mundo.

Y la comunidad científica de 1908 se preguntó por la razón o razones de tan aparatosas «luminiscencias», de tan anónimos seísmos y de tan inusuales turbulencias. Y surgieron decenas de teorías y posibles explicaciones. Pero, curiosamente, nadie asoció dichos fenómenos con la terrible detonación registrada en la meseta de la Siberia central. En cierto modo era comprensible. Rusia atravesaba una crítica situación sociopolítica y la región de la Tunguska era poco menos que «el fin del mundo». En otras palabras: salvo los propios afectados y cuatro modestos periódicos de la zona, nadie tomó en consideración el formidable estallido. Más aún: para buena parte de las autoridades y científicos rusos, la historia del objeto «cilíndrico» y la «columna de fuego» terminaría convirtiéndose en una «fantasía» más de los poco fiables tunguskos, tan propensos a la fabulación y a las leyendas. Y fueron necesarios trece años para que el inexorable destino «desenterrara» el enigma de la explosión de la Tunguska.

En 1921, Leónidas A. Kulik, un notable científico del Museo Mineralógico de la vieja San Petersburgo, recibía un modesto obsequio: un antiguo calendario. En el reverso se reproducía un reportaje de un periódico siberiano, hablando de la caída de un gigantesco meteorito en las proximidades de la ciudad de Tomsk. Kulik, empeñado en el rastreo de estas piedras cósmicas, se sintió fascinado por las noticias de aquel venerable calendario de San Petersburgo. ¿Casualidad? La verdad es que aquel breve y trasnochado aviso cambiaría el rumbo de su vida y, de paso, rescataría del olvido uno de los más atractivos misterios del siglo xx. Kulik contaba entonces treinta y ocho años de edad.

Y tenaz y minucioso puso en marcha una exhaustiva investigación. Durante meses se preocupó de consultar los rotativos de la región. Y ahí surgió la primera gran sorpresa. Las noticias y reportajes señalaban que en 1908, en un punto no determinado de la provincia del río Yeniséi, un «objeto ardiente» se había precipitado sobre la taiga, provocando fuertes temblores de tierra y horribles explosiones. Aquello entusiasmó a Kulik. Uno de los informes periodísticos —publicado por un diario de Krasnoyarsk— aseguraba que «en varias aldeas, a lo largo del cauce del río Angara, en plena taiga, los colonos habían sido testigos del paso de un objeto celeste, de aspecto brillante, que cruzó el cielo de sur a norte... Y cuando el objeto volador alcanzó el horizonte, una intensa llamarada partió en dos el cielo... Y el resplandor fue tan intenso que se reflejó en las habitaciones cuyas ventanas estaban orientadas hacia el norte... Y en la isla que se levanta frente a la aldea, los caballos comenzaron a relinchar y las vacas corrían desorientadas y mugían. Uno tenía la impresión de que la tierra se iba a abrir y que todo iba a ser tragado por el abismo...».

Y Leónidas Kulik, a la vista de la documentación recogida, consiguió lo que parecía un milagro en la Rusia de 1921: que la Academia de Ciencias patrocinara una expedición, con el único y exclusivo objeto de encontrar el inmenso y misterioso meteorito caído trece años antes en Siberia. Era la primera operación —medianamente seria— que se ponía en marcha. Y en septiembre, Kulik y sus colaboradores partieron de Petrogrado (Leningrado), cruzando los Urales en el ferrocarril Transiberiano. Y en el trayecto fueron deteniéndose en las ciudades de Omsk, Tomsk, Krasnoyarsk y Kansk. En todas ellas —en especial en la última— aparecieron nuevos testigos y valiosos testimonios que confirmaron lo ya sabido. Pero, como era de esperar, el supuesto meteorito no apareció. Y Kulik, con buen criterio, llegó a la conclusión de que el «cuerpo sideral» tenía que haberse estrellado más al norte, hacia los caudalosos ríos Tunguska. Y la falta de medios y la proximidad del duro invierno truncaron este primer intento. Pero el intrépido «cazador de meteoritos» no se rindió, Y nada más regresar a Petrogrado comenzó a gestionar y a preparar una segunda expedición. Pero Kulik tendría que esperar hasta febrero de 1927 para materializar su «gran sueño». En esos seis años trabajó intensamente en la reunión de toda suerte de datos que pudieran clarificar el cada vez más enigmático cuadro de la explosión de 1908. Merced a la ayuda y colaboración de otros científicos que viajaron por la región de Vanavara, Kulik supo que, desde el estallido, los tunguskos se hallaban sometidos a una especie de temor supersticioso. Miles de renos habían perecido en el siniestro. Chozas, almacenes y granjas de las riberas de los ríos Chambé, Tunguska y Angara fueron demolidos o desplazados como consecuencia de las detonaciones y del «fuego invisible» que se abatió sobre la taiga. Para muchos de los nativos, el suceso era obra del dios «Ogdy» (Fuego), que les había maldecido con su presencia. De ahí que resultara tan difícil convencerles para que se adentraran en el punto de contacto.

Y aunque la información reunida por Kulik no coincidía con las características y el comportamiento de un meteorito en su ingreso en la atmósfera, el audaz pionero del enigma de la Tunguska siguió convencido de que se hallaba ante la caída de un importante cuerpo sideral. ¿Qué otra cosa podía pensar? Y al desembarcar en Kansk —a pesar de encontrarse a seiscientos kilómetros al sudoeste de los ríos Tunguska— los nuevos testimonios le sobrecogieron. Aquella mañana del 30 de junio de 1908, una explosión «subterránea» estremeció toda la ciudad. Los enseres cayeron de los armarios y repisas y las lámparas se balancearon inexplicablemente. Y en marzo, tras reunir un modesto equipo y las provisiones necesarias, se adentró en la taiga, rumbo a lo desconocido. La verdad es que las penalidades de este viaje merecerían figurar en un libro aparte. En un trineo tirado por caballos, Kulik y sus hombres —ora guiados por los testimonios de los nativos, ora por su propia intuición— fueron avanzando hacia el norte. En el poblado de Vanavara —la aldea más cercana al lugar de la detonación—, los expedicionarios se hicieron con «pistas» más seguras. Aquellos humildes campesinos y pastores, además de presenciar el «gran resplandor luminoso sobre el horizonte», habían padecido un calor abrasador y los efectos de una onda expansiva que les derribó en tierra y que hizo volar tejados, puertas y empalizadas. Algunos perdieron el conocimiento y otros quedaron sin habla, como consecuencia, sin duda, del horrible «trueno» que siguió a la «columna de fuego y humo» que se levantó hasta el cielo. Las ropas y la piel de los que se hallaban fuera de las casas resultaron quemadas por un «fuego invisible» y, al poco, todo se cubrió de polvo y cenizas.

Y Kulik, convencido de que su «meta» estaba al alcance de la mano, se adentró en la taiga, en compañía de Ilya Potapovich, su guía y traductor. Potapovich era un tungusko que también había presenciado la llegada de dios Ogdy. Y el 8 de abril tomaron el sendero que corría paralelo al río Tunguska Medio, a la búsqueda del río Chambé. Y durante cinco días, los dos hombres y sus caballos tuvieron que sortear los intrincados y pestilentes pantanos de la taiga, llegando exhaustos y con síntomas de escorbuto hasta las orillas del río Makirta. Era el 13 de abril de 1927. Y ante el valiente Kulik se abrió el escenario de la gran explosión de 1908. «Aun el resultado de un rápido examen —escribió el científico ruso— excedió cuanto habían contado los testigos y superó mis más desmedidas esperanzas.» Desde su puesto de observación, el primer científico que ganaba la región de la Tunguska asistió a un espectáculo devastador: miles de troncos de pinos y abedules yacían en tierra, derribados por la onda expansiva. Y todos orientados en una misma dirección: hacia el sur. Y los esforzados expedicionarios prosiguieron su avance hacia el norte, abriéndose paso a duras penas entre las «murallas» de árboles truncados. «La mayoría —relató Kulik— presentaban extrañas quemaduras. Parecía como si los troncos hubieran sido quemados "desde arriba". Aquello, por supuesto, no respondía a un incendio convencional.»

Pero las penalidades del ruso no habían terminado. Y cuando —en mitad del atronador silencio y de la desolación que reinaban en el lugar— estaba a punto de alcanzar el epicentro de la explosión, los guías tunguskos, atemorizados, se negaron a continuar. Y Kulik, impotente, tuvo que retornar a Vanavara. El 30 de abril, con nuevos guías, partía por segunda vez. Y en junio, al fin, abriéndose paso a hachazos entre el inmenso cementerio de troncos calcinados, llegaba a una cuenca pantanosa que recibía el nombre de pantano del Sur. Y Kulik, tras largas y meticulosas indagaciones, estimó que aquél podía haber sido el lugar de la explosión. Tomando como centro la enorme ciénaga, el científico comprobó cómo los bosques se hallaban derribados en forma radial. Si marchaba hacia el este, las copas de los árboles apuntaban justamente en esa dirección. Si lo hacía en sentido opuesto, miles de troncos señalaban hacia el oeste. Y lo mismo sucedía con el norte y con el sur. No cabía duda: la desintegración del gigantesco meteorito tenía que haberse registrado sobre dicho pantano del Sur. Pero ¿dónde estaba el cráter que, forzosamente, tenía que haber abierto la roca del espacio? Ni Kulik ni las sucesivas expediciones que se aventuraron posteriormente en la Tunguska lo encontraron jamás. Y el misterio, lejos de disiparse, se oscureció...

Y para mayor desconcierto, muy cerca del epicentro, Kulik descubrió un no menos extraño bosque. Entre los 3.100 kilómetros cuadrados de taiga arrasada, un reducido grupo de árboles continuaba en pie, sin ramas y tan muerto como el resto de los troncos que yacía en su entorno. Y Kulik lo bautizó como el «Bosque de los postes de telégrafo».

A partir de aquel histórico año de 1927, tanto Kulik como otros muchos científicos de todo el mundo hicieron de la Tunguska un lugar obligado de peregrinación. Para el «descubridor» de la arrasada taiga, a pesar de la falta de evidencias, el suceso de 1908 fue siempre la consecuencia del impacto de un meteorito. Un formidable cuerpo espacial que, presumiblemente, estalló en el aire, liberando una energía equivalente a 10^{23} ergs (treinta millones de toneladas de TNT). Ello habría explicado satisfactoriamente la tremenda destrucción, los registros en los sismógrafos y las turbulencias en medio mundo. Sin embargo, como digo, los posteriores y más completos estudios terminaron por desestimar la hipótesis del meteorito. Y surgieron nuevas teorías. Algunas, como las de la irrupción de una «gota de antimateria» en la atmósfera terrestre o la colisión con un «agujero negro», mucho más fantásticas e insostenibles que la apuntada a partir de 1946 por Alexander Kazantsev. También fue barajada la posibilidad de que los restos de un cometa pudieran haber caído sobre Siberia a una velocidad de 40.000 kilómetros por hora, desintegrándose a cincuenta kilómetros de altura y originando una formidable onda de choque. Pero la ciencia tampoco se vio complacida con esta explicación. Un cometa que se hubiera aproximado a la Tierra habría sido detectado por los astrónomos mucho antes de su hipotética entrada en la atmósfera terrestre. Recordemos, por ejemplo, el caso del Halley en 1910. Y nada de esto había sucedido. Por otra parte, según los testigos, el supuesto «cometa» desarrolló un vuelo «horizontal», a una velocidad que, de acuerdo con los cálculos del geofísico soviético Zolotov, nunca pudo superar los dos o tres kilómetros por segundo y, en el colmo de los colmos, cambiando de trayectoria en dos ocasiones. Y tampoco debemos olvidar las repetidas descripciones de los testigos presenciales: «Era un objeto cilíndrico..., parecido a un gigantesco tubo.»

Y en agosto de 1945, a raíz de la explosión de la bomba atómica sobre Hiroshima, otro soviético —Alexander Kazantsev— se atrevió a formular una hipótesis que, a primera vista, encajaba a las mil maravillas con lo descrito, observado y analizado en la Tunguska. Al examinar los efectos de la tristemente célebre «Pequeño muchacho» —que estallaría a seiscientos metros sobre la ciudad japonesa—, Kazantsev comprobó que guardaban una gran similitud con el «resplandor», las detonaciones, el «fuego invisible», la onda de choque, las tormentas electromagnéticas, las luminiscencias nocturnas y las turbulencias registradas en 1908 en Siberia. Incluso el «Bosque de postes de telégrafo» que formaba una especie de anillo en torno al pantano del sur, era similar a los árboles que habían quedado en pie en los alrededores del castillo de Hiroshima (Cuartel General de la Quinta

División japonesa) y sobre el que se produciría la explosión atómica. Y a partir de 1958, las nuevas expediciones comprobarían con asombro cómo en los troncos de Siberia se había registrado un fenómeno similar al detectado en los árboles de Hiroshima. A raíz de la explosión de 1908, los anillos vivos habían experimentado un crecimiento muy superior al de épocas anteriores. Si los que precedieron al formidable estallido oscilaban entre 0,4 y 2 milímetros, los aparecidos con posterioridad alcanzaban hasta cinco y diez milímetros de grosor. Y las sucesivas recogidas de muestras vinieron a confirmar las sospechas de Kazantsev: «El suceso de la Tunguska de 1908 tenía mucho que ver con una explosión nuclear.» Científicos como Zolotov y Plenajov, en 1959, y Florensky y Nekrasov, en 1961, demostraron que el índice de radiactividad en el epicentro de la catástrofe era una y media y dos veces superior a lo admitido como «normal». Y en los anillos interiores de plantas y árboles —en aquellos que se formaron en 1908— las pruebas espectrográficas denunciaron la existencia de cesio 137 en proporciones sólo explicables ante una deflagración atómica. Y la hipótesis de Kazantsev fue tomando cuerpo, muy a pesar de los hipercríticos y recalcitrantes: «Una nave espacial —obviamente "no humana"— había estallado sobre la Tunguska.»

Y un nuevo elemento vendría a sumarse a los datos ya disponibles: la totalidad de la zona devastada —bosques, colinas, pantanos, etc.— aparecía materialmente acribillada por milimétricos glóbulos esféricos, que habían actuado a la manera de perdigones. Los análisis resolvieron que se trataba de silicatos y magnetita. Y lo más curioso es que la distribución de estos racimos de «pequeñas esferas brillantes», incrustadas en el suelo y en los troncos, se correspondía con la forma elíptica de la explosión. Una forma poco usual y que, en opinión de los investigadores rusos, sólo podía deberse a una detonación «directiva»; es decir, con un efecto que «no era el mismo en todas direcciones». Y Zolotov y Zigel redondearon la tesis de Kazantsev: «El explosivo en cuestión tenía que hallarse en el interior de un "envase".» Un «envase», como habían repetido los testigos hasta la saciedad, claramente «cilíndrico». Poco después, merced a análisis más detallados, en las muestras fueron encontrados restos de cobalto, níquel, cobre y germanio. Y la teoría de la «nave espacial» cobró nuevas fuerzas. Y los escépticos podrán preguntarse con razón: «Pero, ¿quién volaba en 1908?» A decir verdad, muy pocos..., y mal. Recordemos que fue en diciembre de 1903 cuando Orville Wright efectuó el primer vuelo con motor en una máquina más pesada que el aire. Y aquel «salto» duró un minuto, con un recorrido de 250 metros...

Y hoy, en febrero de 1991, ochenta y tres años después, el enigma de la explosión en la Tunguska continúa abierto. Con motivo de tan misteriosa catástrofe se han escrito más de doscientos documentos científicos, casi dos mil artículos periodísticos y sesenta novelas, por no mencionar el sinfín de películas y programas de televisión. Pero las grandes preguntas siguen sin respuesta: ¿se trataba de una nave tripulada? ¿Fue un accidente o un «experimento»? ¿Y por qué en esa región del planeta?

Situación de Siberia.

Leónidas Kulik, el audaz investigador soviético que se aventuró en la Tunguska, descubriendo el lugar de la gran explosión de 1908.

Una imagen de 1927, cuando Kulik se adentró en la taiga siberiana, devastada por la formidable y misteriosa explosión. Alrededor del epicentro, muchos árboles permanecían en pie.

La fortísima explosión de 1908 arrasó 3.100 kilómetros cuadrados de taiga.

El llamado «Bosque de los postes de telégrafo». Junto a cientos de troncos derribados y muertos, otros árboles —muy próximos al epicentro— se mantenían en pie. Así lo vio Kulik en 1927.

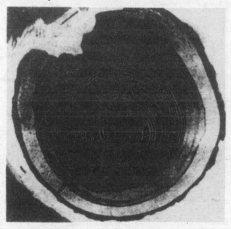

A partir de 1908, el grosor de los anillos de crecimiento de los árboles cambió notablemente. Como se aprecia en esta imagen, los anillos exteriores son más anchos que los anteriores a la explosión.

Kazantsev revolucionó las hipótesis sobre la explosión de la Tunguska, adelantando que la catástrofe sólo pudo deberse al estallido de una nave espacial «no humana».

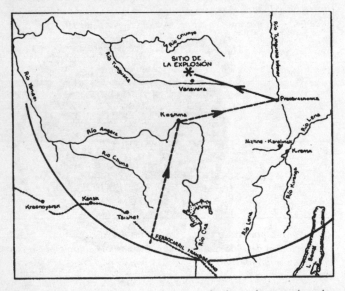

Trayectoria desarrollada por el gran «cilindro», de acuerdo a los testimonios de los testigos. El arco inferior delimita la zona en que fueron percibidos el gran resplandor y las sucesivas explosiones.

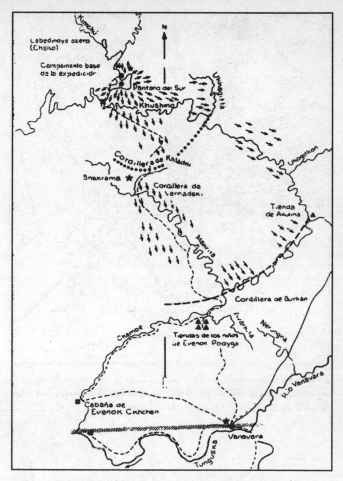

Ruta seguida por Kulik hasta el pantano del Sur, epicentro de la gran explosión de 1908. La línea de puntos señala el límite de la región que resultó abrasada. Las flechas por su parte, marcan las direcciones en que fueron hallados los árboles derribados. (Cortesía de Pergamon Press.)

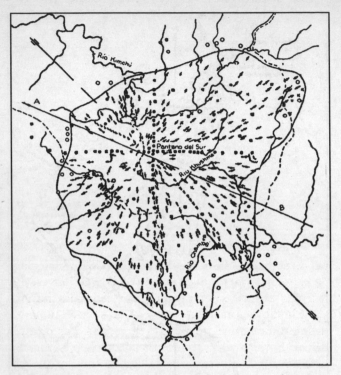

La explosión se produjo en forma ovalada. Y así se quedó registrado en la disposición de los miles de árboles derribados. La línea AB señala la dirección seguida por el ovni.

PASCUA: LOS OTROS ENIGMAS

¿Y a qué negarlo? En relación a las posibles visitas de seres «no humanos» a lo largo de la historia y de la prehistoria, también se han dicho y se han escrito las más absurdas, extravagantes y ridículas hipótesis. Elucubraciones que, a poco que se investigue, se desmoronan como un castillo de naipes. Las pirámides de Egipto, las grandes construcciones incaicas o la célebre losa funeraria de Palenque, entre otros, son algunos de los socorridos temas a los que recurren sistemáticamente aquellos «vivos» que «ven la presencia extraterrestre debajo de todas las piedras»... Y en ocasiones, lamentablemente, los verdaderos enigmas que pudieran encerrar estas «maravillas del hombre» terminan aplastados u olvidados por culpa de esas innecesarias teorías «extrahumanas». Éste es el caso, por ejemplo, de la isla de Pascua. Por el mundo circulan decenas de libros en los que la pequeña y remota Rapa Nui viene a figurar casi como una «base ovni» y sus colosales estatuas de piedra —los moais— como «la más rotunda prueba de la presencia extraterrestre en la antigüedad del planeta». Nada más falso e inconsistente. Pascua esconde grandes y apasionantes misterios, por supuesto, pero no de ese orden... Y aunque los ovnis también han sido vistos sobre sus volcanes, campos y costas, a ningún investigador medianamente sensato se le puede ocurrir vincular sus monumentos a la mano o a la influencia de seres llegados del espacio.

Y dicho esto, sí quisiera entrar —en un nuevo y fugaz «planeo»— en algunos de los enigmas que, desde mi punto de vista, sí justifican el halo mágico que envuelve la tierra del legendario rey Hotu Matua.

Recuerdo que en mi segunda visita a Pascua —mientras cubría los 3.700 kilómetros que la separan de Santiago de Chile— volví a formularme una cuestión que, casi con seguridad, se habrán planteado muchos de los investigadores que han tenido la fortuna de recorrer sus 165 kilómetros cuadrados: ¿y qué resta por descubrir en Rapa Nui? A estas alturas —con una bibliografía superior a los dos mil volúmenes—, la isla de Pascua es una de las áreas del planeta más y mejor estudiadas. Pretender encontrar algo insólito, ignorado o sencillamente nuevo se me antojó tan inútil como pretencioso. Mucho antes de mis dos primeras estancias en la isla había procurado leer y estudiar cuanto podía tener relación con su nebulosa historia, con sus sucesivas culturas, con sus singulares estatuas, monumentos y manifestaciones artísticas y con sus no menos abundantes calamidades. Decenas de textos de arqueólogos, antropólogos, etnólogos, exploradores y aventureros han ido desfilando ante mi precaria inteligencia. Y después de una atenta lectura, «todo» en Pascua parecía tener una explicación lógica y racional. Según los expertos, los polémicos moais eran obra humana. Allí estaban las canteras para demostrarlo. También las viejas discusiones acerca de las fórmulas empleadas por los pascuenses en el traslado de estas colosales estatuas se hallaban zanjadas. Cada científico —aunque no hubiera puesto los pies en la isla— ofrecía su propia y magistral solución: «Los moais eran arrastrados a lo largo de kilómetros mediante cuerdas.» Otros hablaban de «trineos de madera sobre los que eran tumbadas las esculturas». Y más de uno —incluyendo al ínclito Heyerdahl y al ingeniero checo Pavel— se había aventurado a «demostrar sobre el terreno» que bastaban unas sogas convenientemente amarradas a la cabeza y a la base del moai para hacer bascular y avanzar la figura con los típicos movimientos de un ganso...

En cuanto al oscuro origen de las primeras civilizaciones que desembarcaron en Rapa Nui, lingüistas, etnólogos, antropólogos y demás especialistas daban como muy probable el noroeste del océano Pacífico, en plena Polinesia. Y los más audaces apuntaban incluso hacia las islas Marquesas. Según estos investigadores, esos «colonizadores» polinésicos habrían tomado posesión de Pascua en una fecha relativamente cercana al siglo v de nuestra era.

Y con este bagaje de hipótesis, sesudas explicaciones y supuestamente exhaustivas investigaciones me adentré de nuevo en la isla. Corría el mes de septiembre de 1990. Y a decir verdad, con una inequívoca y molesta sensación de «estar perdiendo el tiempo». Puede sonar a increíble, pero así fue mi segundo ingreso en Pascua. El primero, en enero y febrero de ese mismo año, no cuenta. Para cualquier extranjero, su «bautismo de fuego» con la isla termina convirtiéndose en una «borrachera» de imágenes, de luces, de sensaciones y de datos. Creo no equivocarme si afirmo que Rapa Nui —por su especial contenido y continente— reclama siempre una segunda vez.

Y como suele acontecerme de vez en cuando, a las pocas horas —envuelto ya en la inevitable magia de sus caminos—, el inicial escepticismo desapareció. Estaba en un error. A pesar de esa generosa y muy académica bibliografía, «no todo» está claro ni aclarado en la isla que, según los antiguos nativos, constituye «el ombligo del mundo». Y poco a poco, sin prisas, dejándome llevar por la intuición, por una meticulosa observación y, en especial, por la palabra y la tradición que atesoran los actuales pascuenses, fui abriendo mi horizonte interior y verificando con asombro cómo muchos de los enigmas rapa-nui continúan intactos. Es preciso moverse por sus suaves colinas, por sus negros y ariscos acantilados o por sus rojizas sendas para comprender que, en ocasiones, los dogmáticos textos de los científicos se hallan tan alejados de la realidad como la propia isla de Pascua de las tierras más cercanas. Curiosamente, éste fue el lamento más repetido por el centenar largo de rapa-nui a quienes interrogué. La ciencia, salvo escasas y honrosas excepciones, «pasa de largo» e ignora la opinión y la tradición de los nativos. En parte, por la ya consabida autosuficiencia de los investigadores. Y también —a qué negarlo— a causa de la picaresca de algunos de los pascuenses, que han hecho del comercio, de la exageración y del infundio un *modus vivendi*. Pero no seré yo quien descalifique a los dos mil habitantes de la isla por obra y gracia de una docena de vividores...

Y quizá una de las mejores y más redondas pruebas, que atestigua cuanto afirmo, es la escrupulosa unanimidad de sus declaraciones. En este sentido desplegué un especial cuidado en interrogarles por separado. Pues bien, no hallé una sola contradicción en lo que podríamos calificar como los «grandes misterios». Así les fue narrado por sus antepasados y así lo cuentan ahora.

Y aunque soy consciente de las limitaciones que impone siempre la simplificación, trataré de esbozar aquellos asuntos que más me impactaron y que, insisto, distan mucho de estar resueltos y sentenciados por la ciencia oficial.

La mítica patria de la que, al parecer, partió la primera expedición que se instaló en Rapa-Nui me fascinó desde que, hace ya muchos años, cayera en mis manos el primer libro sobre la isla. En la mitología rapa-nui, este lugar recibe el nombre de Hiva. Y son las mismas leyendas las que apuntan el porqué de esa arriesgada travesía del Ariki o rey Hotu Matua, a la búsqueda de nuevas tierras. Hiva se hallaba amenazado por el mar. No sabemos si corría peligro de hundimiento o si sus costas eran víctimas de fenómenos oceánicos que imposibilitaban la supervivencia de sus pobladores. Lo cierto es que —según esa tradición—, antes de emprender la marcha, «el espíritu del joven Haumaka viajó hasta una lejana isla que disponía de tres islotes y una gran cavidad en uno de sus extremos». Y Hotu Matua, prudente y previsor, envió por delante a sus exploradores que, en efecto, encontraron la tierra misteriosamente «visualizada» por el súbdito del rey. Y bautizaron los tres islotes como Motu Nui, Motu Iti y Motu Kao Kao. Y la gran concavidad existente en la esquina sudoeste fue llamada Rano Kau. Y una vez explorada en su totalidad eligieron la paradisíaca playa de Anakena, al norte, como el lugar adecuado para el desembarco de su rey y de su pueblo. Y esa misma mitología —heredada de generación en generación— asegura que, en agradecimiento, los audaces exploradores quedaron inmortalizados en piedra. Y para ello fue levantado un «ahu». Y sobre dicho altar, siete grandes estatuas o moais. Y ese «ahu» recibiría el nombre de Akivi.

Pues bien, la totalidad de los pascuenses a quienes consulté me habló siempre de Hiva como una «realidad incuestionable». Había existido y, de acuerdo con las informaciones orales y las que contienen las crípticas tablillas «rongo-rongo» (presumiblemente, la forma de escritura ideográfica que trajo consigo Hotu Matua), nada tenía que ver con las actuales teorías científicas sobre el lugar de procedencia de dicha expedición. Para los rapa-nui, Hiva formó parte de un gran continente, desaparecido en el mar. Unas tierras que se alzaban hacia el sudoeste y no en el norte (las Marquesas) como apuntan los arqueólogos y antropólogos. Y afirman también que Nueva Zelanda es la clave. Y me proporcionaron un dato que me apresuré a verificar y que, de ser cierto, obligaría a revisar los modernos planteamientos. La mitología pascuense establece que los siete «gigantes» de piedra del «ahu» Akivi, relativamente cercano a la costa oeste, guardan justamente el «secreto» del lugar donde se hallaba Hiva y del que partieron. «La mirada de estos moais (de los exploradores del rey) está puesta en Hiva.»

Recuerdo que dediqué varios días a la inspección y al estudio de estas estatuas. Y todas las mediciones arrojaron el mismo y sorprendente resultado: los moais en cuestión se hallan orientados hacia el oeste-sudoeste. Exactamente hacia el rumbo de 245 grados. Al consultar los mapas y cartas marinas quedé desconcertado. Aquélla, efectivamente, es la dirección que «une» Pascua con Nueva Zelanda...

Pero no deseo extenderme sobre tan sorprendente asunto. Ahora deberán ser los expertos en oceanografía, perfiles submarinos, etc., quienes profundicen en la versión rapa-nui. Y, quién sabe, quizá lleguen a intuir o a descubrir que aquellas otras leyendas sobre el no menos mítico continente Mu, igualmente desaparecido en dichas latitudes, guardan una estrecha relación con Hiva.

Y Hotu Matua y los doscientos hombres, mujeres y niños que integraban aquella expedición descendieron en las cristalinas aguas de Anakena. Con el rey, además de su familia y los aristócratas, llegaron también los sabios o «maorís», los sacerdotes o «ivi atúa», los guerreros o «matatoa» y los artesanos, campesinos y pescadores. Y entre los personajes de alto rango, unos «especialistas» en la escritura sagrada de Hiva: los «tangata maori rongo rongo». Y en sus manos —como un gran tesoro—, un total de sesenta y nueve tablillas con los misteriosos signos «rongo-rongo», en las que —según la leyenda— se contenía la historia del audaz pueblo. Un pueblo que, a juzgar por sus obras y por lo que nos ha transmitido la tradición, poseía unos muy altos y poco usuales conocimientos y poderes. Y de entre todos los enigmas que encierra la isla, fue éste —el de la inquietante sabiduría de la civilización procedente de Hiva— el que, sin duda, me pareció más fascinante, profundo y olvidado. Porque ¿qué otra cosa puede pensarse de unos hipotéticamente primitivos y atrasados individuos que conocían y practicaban el parto «submarino», que sabían de la «inmortalidad del alma», que veneraban a un único Dios creador, que utilizaban las propiedades del líquido amniótico para la regeneración de las células, que levantaron observatorios astronómicos y que, en fin, aprovechaban el poder de la mente para mejorar sus cosechas o para trasladar sus gigantescas estatuas?

La leyenda lo expresa con meridiana claridad.

«... Y nada más llegar a la isla, la esposa del rey —Vakaio-Hiva— alumbró a su hijo bajo las aguas del mar. Y ese lugar sagrado se llama Loto-Tauregna...»

Y otro tanto aconteció con la hermana de Hotu Matua, Ava Reipúa. Y esa singular «maternidad» se ha conservado prácticamente intacta a escasos metros de la blanca y deslumbrante playa de Anakena. Pero muy pocos investigadores han reparado en la extraña roca rectangular, permanentemente sumergida y «acondicionada» para que las mujeres pudieran sentarse sobre ella de forma que el agua les cubriese hasta el pecho. Aun aceptando que el desembarco de Hotu Matua hubiera ocurrido hacia el año 400 de nuestra era, ¿cómo entender que aquel pueblo supiera de las excelencias de este tipo de alumbramiento? Ha sido en el siglo XX cuando, a título puramente experimental, los países nórdicos se decidieron a practicar el «nacimiento submarino». Y todos los indicios apuntan a que, en estas especiales circunstancias, tanto el bebé como la madre sufren infinitamente menos que en los partos convencionales. Los cambios de presión en el feto resultan casi inapreciables, así como las diferencias de temperatura, índices de salinidad, etc.

¿Y cómo explicar la costumbre —respetada hasta hace muy pocos años por los rapa-nui— de recoger el líquido amniótico de las embarazadas? En un lugar tan sagrado como Orongo se conservan aún las «maternidades» donde —desde tiempo inmemorial—, las parturientas daban a luz a sus hijos, dejando caer el citado líquido por unos canales expresamente practicados con este fin. Y esas «aguas» eran utilizadas para el cuidado de la piel y en las ceremonias de fertilización de la tierra. ¿De dónde les venía este conocimiento sobre las muy particulares y específicas propiedades regenerativas del «amnios»?

¿Y qué decir de sus «observatorios astronómicos»? Las «tupas» o torres utilizadas por los antiguos pascuenses para estos menesteres, y que han sido exhaustivamente investigadas por el profesor Grant McCall y el arqueólogo Edmundo Edwards, son una constante fuente de sorpresas. ¿Cómo es posible que pudieran conocer con semejante pulcritud las trayectorias de los astros, los solsticios, los eclipses y hasta el norte magnético? ¿Por qué muchas de estas «tupas» fueron construidas en función de las Pléyades? ¿Qué representaban para los sabios y sacerdotes de Hotu Matua? ¿Cómo explicar que la famosa piedra esférica venerada al filo del mar, en la bahía de Las Tortugas, y que recibe el nombre de Tepito-Kura, presente las mismas medidas que el globo terráqueo? ¿Casualidad? Los que me conocen un poco saben que hace años que no creo en esa palabra...

Y después de explorar en la memoria colectiva de los nativos y de «peinar» la isla en todas direcciones, estoy convencido de que esta «sabiduría» fue mucho más allá de lo que podamos imaginar. Los hombres de Hiva, por ejemplo, supieron desarrollar y aprovechar el innegable poder de la mente. Ignoro quiénes fueron sus «instructores» aunque eso, en estos momentos, poco importa. Lo cierto es que, de la mano de la tradición y de sus obras, uno deduce que fueron plenamente conscientes de la importancia de «algo» que hoy, tristemente, yace sepultado e infravalorado: «la fuerza física de las ondas cerebrales». Una sutil capacidad que, utilizada positiva y convenientemente, podría modificar entornos, comportamientos y destinos. Y esa mal llamada «mitología» pascuense nos recuerda que los sabios y sacerdotes de Hotu

271

Matua eran capaces de «atraer los bancos de peces», de «curar con el único auxilio de sus manos» o de «hacer prosperar las cosechas a voluntad». Y todo ello, merced a un «don», una «gracia» o un «poder» que llamaron «mana». Una expresión, «mana», repetida hasta la saciedad y que los científicos ortodoxos desprecian olímpicamente. Sin embargo, como digo, cuando uno le presta un mínimo de atención, observa con perplejidad cómo los nativos la incluyen sin recelos ni titubeos en el mismísimo «corazón» de sus más sagradas tradiciones. No pude encontrar a uno solo de los actuales pascuenses que se burlara de tan singular y remoto poder. Todos creen en la existencia del «mana» como algo real, aunque invisible. «Algo» que poseían muchos de sus antepasados y que formaba parte de lo cotidiano. «Algo» que el progreso ha terminado por exterminar. «Algo» que se hallaba en el interior del hombre y que «sólo podía ser utilizado para el bien»...

Y los pascuenses, por ejemplo, hablan de los «manavai». Y los muestran orgullosos. Y uno, necesariamente, tiene que descubrirse ante la perfección y la eficacia de estos antiquísimos «invernaderos», excavados en la tierra y magníficamente protegidos de los feroces vientos isleños por muros de piedra. Unos bloques, generalmente de origen volcánico, de hasta ochocientos y mil kilos de peso. Y en estas singulares construcciones, a uno o dos metros de profundidad, como un «milagro», la naturaleza adopta un «microclima» que permite multiplicar la cantidad y la calidad de cuanto se cultive en ellos. Y la tradición rapanui dice que esos «mana-vai» eran una insignificante muestra del «divino poder» que adornaba a sus ancestros. Y cada «invernadero» era levantado con la fuerza del «mana». Así fueron transportadas las pesadas rocas que los delimitan. «Por el aire y con la sola ayuda de la voluntad del sacerdote poseedor del "mana".» Y una vez concluido, la alfombra de tierra del «mana-vai» era bendecida por el «mana» y en nombre del Dios creador «Makemake». Pero, de todo esto, hace ya mucho tiempo. Porque, con las guerras intestinas, los «hombres sabios de Hiva» terminarían por ser aniquilados. Y el «mana» desapareció con ellos. Mejor dicho —según la firme creencia de los ancianos—, fue «guardado en secreto». Y todas mis preguntas sobre su paradero fueron resueltas con una misma y unánime respuesta: «Sólo las tablillas "rongo-rongo" contienen la verdad sobre el "mana".» Lamentablemente, nadie, hasta hoy, ha logrado descifrarlas.

Y así, merced a esta fuerza mental, fue posible el laborioso transporte de los moais a lo largo y ancho de la isla. Ésta es la única explicación admitida por los pascuenses. Y es curioso. A pesar de los aparentemente lógicos razonamientos de los científicos de todo orden que han ido desfilando por la isla y que persiguen la justificación racional del traslado de las grandes estatuas, los nativos se encogen de hombros, guardan silencio o se burlan con mayor o menor disimulo.

¿Y por qué no? Todas cuantas experiencias han sido puestas en práctica para demostrar que los moais podrían haber sido arrastrados desde la cantera del Rano Raraku hasta los «ahus» donde fueron alzados, han naufragado o resultado insuficientes. Los que amarraron el moai «sin piernas» existente en Tonga Riki, con el fin de probar si la fórmula de las sogas y el «paso de ganso» podían desentrañar el enigma, tuvieron que reconocer que el procedimiento, amén de irritantemente lento, no era seguro. En dicho «expe-

273

rimento», la cabeza y la base del moai fueron previamente cubiertos y protegidos con totora. Y siguiendo las instrucciones de los arqueólogos, un total de cuarenta y ocho nativos comenzó a tirar de las seis cuerdas, estratégicamente anudadas alrededor de los atados de totora: cuatro en la zona de la cabeza y las dos restantes en la base. Y, efectivamente, el coloso, gracias a los movimientos coordinados de los trabajadores, comenzó a deslizarse sobre la llanura. Al cabo de una hora, el moai, sometido al continuo riesgo de desplome, había «caminado» un total de catorce metros. Las cuerdas, los rodillos de madera o los famosos «trineos», nunca constituyeron una solución definitiva. Durante las complejas operaciones de transporte de ese mismo moai hasta el buque que debería trasladarlo en 1982 a la ciudad japonesa de Oxaca, los operarios se vieron en la necesidad de asegurarlo con fuertes maromas. Pues bien, a pesar del exquisito cuidado desplegado en su manipulación, las sogas lo dejarían marcado para siempre. Aquellos visitantes que se aproximen a la cantera podrán comprobarlo a placer. Y yo me pregunto: si los cientos de estatuas que fueron desplazadas a lo largo de kilómetros, desde el Rano Raraku hasta los «ahus», tuvieron que ser arrastradas mediante el uso de cuerdas —como proponen una y otra vez los arqueólogos—, ¿por qué no presentan señales como las del moai «con pasaporte», como lo llaman los pascuenses? ¿No será —como aseguran los nativos— que el «método» de transporte nada tenía que ver con lo que vienen defendiendo los científicos?

Y otro «detalle» altamente significativo. Si el movimiento de estos «gigantes» de quince y veinte metros de longitud y hasta cincuenta toneladas de peso ya habría supuesto unas muy notables dificultades a la hora de salvar los accidentes geográficos que separan la cantera, al este de la isla, del resto del territorio, ¿cómo explicar la ubicación de algunos de los moais al pie de acantilados como el de Orongo? Cuando uno navega en las proximidades de esta escarpada pared de más de cien metros de altura y contempla los restos de los «ahus» allí dispuestos, no es fácil asimilar que las dos estatuas plantadas al filo de las peligrosas rompientes pudieran ser bajadas mediante cuerdas. Pero, si los moais Kovo Hue y Koha-ae, que presidieron hasta hace pocos años esa esquina oeste de Pascua, no fueron deslizados desde lo alto de Orongo, ¿cómo llegaron hasta allí?

He aquí otra difícil «asignatura pendiente» para los científicos. Y los pascuenses replican rotundos: «Con "mana".» Una vez esculpidos, los moais —cuya función primordial era mantener viva la memoria del difunto a quien representaba— eran deslizados hasta las laderas del Rano Raraku y allí aguardaban el momento del fallecimiento del personaje que lo había encargado. Y sólo entonces se procedía a su traslado. Y para ello —según la tradición—, el jefe o sacerdote que poseía el «mana» lo alzaba en el aire y, con el solo poder de su mente, era guiado y entronizado en el «ahu» o altar familiar. Y el difunto «vivía» así, para siempre, entre los suyos...

Pero éstos, y otros misterios a los que algún día me referiré, sólo pueden ser comprendidos por unos pocos...

Situación de la isla de Pascua.

Pascua desde el transbordador espacial Discovery. (Gentileza de la NASA.)

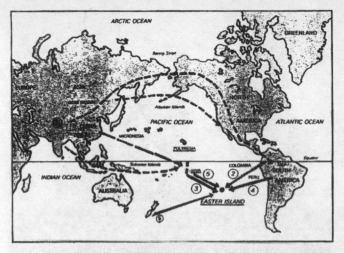

En el plano, las diferentes «oleadas» de pobladores que pudieron llegar a la isla de Pascua, según la arqueología y antropología. Con el número 1 el posible poblamiento de América desde un centro común, en Asia. La flecha marcada con el número 2 indica la hipotética emigración desde San Agustín. El 3 señala Hiva. Con el 4 se establece otra posible y discutida «oleada» procedente de Tiahuanaco. La número 5 correspondería a la del rey Hotu Matua, desde Hiva (islas Marquesas). Por último, con el número 6, la originaria de Hiva, en Nueva Zelanda, según la mitología rapa-nui.

J. J. Benítez frente a los siete moais del «ahu» Akivi. Su mirada, dice la tradición pascuense, señala a Hiva.

Uno de los «mana-vai» o «invernaderos». El «microclima» en el interior de estas construcciones es diferente al existente en el exterior.

El «moai» que fue trasladado a Japón en 1982. Sobre la frágil piedra volcánica pueden observarse las marcas de las cuerdas utilizadas en su transporte.

Muchas de las cuevas de Pascua aparecen repletas de pinturas que representan al dios «Makemake», el creador de Hiva y de su avanzada civilización.

La misteriosa piedra esférica de la bahía de Las Tortugas. Sus medidas coinciden con las del globo terráqueo. ¿Casualidad?

BRASIL: LA «SOGA DEL MUERTO»

El poder de la mente...

He aquí otro de mis enigmas favoritos. Después de lo que me tocó vivir en las selvas amazónicas, ¿cómo dudar de la realidad del «mana»?

¿Cómo olvidar aquel martes, 28 de noviembre de 1989? Pocas veces en mi agitada y torpe vida he «sentido» tan cercana —tan «mía»— lo que, en un alarde intelectual, podría definir como la «posesión de la verdad». Claro que —seamos sinceros— no fue mi densa naturaleza física quien protagonizó esta nueva aventura. ¿Fue mi mente? ¿O quizá ese otro «yo» del que tanto hablan los iniciados y esotéricos? En realidad, poco importa. Aquel 28 de noviembre en Brasil, una parte de mí mismo —puede que la más noble— «vivió» una singular experiencia: el desafío de la ayahuasca o «soga del muerto». Y dicho esto, bueno y justo será que arranque con un mínimo de orden y concierto.

Por aquellas fechas, según reza mi inseparable «diario de campo», nada más aterrizar en Río de Janeiro, mi compañero de venturas y desventuras, el doctor Jiménez del Oso, me lanzó una malévola insinuación: en el caso de trabar contacto con los míticos ayahuasqueros de la selva amazónica, ¿estaría dispuesto a compartir con él la toma de este poderoso y enigmático alucinógeno?

La sugerencia —a qué ocultarlo— me pilló «fuera de juego». ¿Qué sabía este trotamundos de la ayahuasca? Prácticamente nada. En mis casi veinte años de peregrinaje tras lo insólito y lo misterioso había sabido de toda suerte de chamanes, curanderos, brujos, pócimas y rituales más o menos mágicos. Pero, sinceramente, muy pocos llegaron a movilizar mi insaciable curiosidad. Mi particular «guerra» con los enigmas que conviven con el ser humano se desarrollaba en otros «frentes», bien conocidos de cuantos se han asomado a mis treinta libros.

Y dudé. Según mi buen saber y entender, la ayahuasca —como el hongo mazateco, el peyote, etc.— no era otra cosa que un bebedizo con notables propiedades alucinógenas, utilizado desde tiempo inmemorial por las tribus de la cuenca amazónica y, por lo general, con una intencionalidad mística o religiosa. Algo así como un «billete de ida» al inaccesible universo de lo «invisible», de lo «divino» y de lo «mágico» por excelencia. Y digo yo que fue mi natural repugnancia por las drogas lo que siempre me mantuvo a años-luz de tan oscuros paisajes y paisanajes. Yo sabía del poder de la mente. Los cursos de «control mental» pusieron en mis manos una espléndida «caja de herramientas» con la que ejercitarla y hacerla volar más allá de las normales y conocidas fronteras de lo cotidiano. Y ahí, justamente, surgió el reto. Como tantos avanzados del espíritu, servidor también había practicado el noble ejercicio de «proyectar» su mente, «elevándose» sobre la materia y «explorando» los mundos interiores y exteriores... Pero, a pesar de los muchos y espectaculares resultados —a los que algún día tendré que referirme—, este tipo de «ejercicios» mentales ofrece siempre unas razonables dudas. ¿En verdad el ser humano puede «volar», con la sola ayuda de su cerebro, «visitando» física y realmente los más lejanos y recónditos parajes del planeta..., o de otros astros? ¿Cómo conjugar la lógica con esas «transportaciones» mentales, capaces de llevarle a uno al domicilio de un amigo o de un desconocido y, lo que resulta más asombroso, «hacerle ver» la distribución del mobiliario o la decoración de las paredes? ¿Es que la mente humana disfruta de la casi mágica capacidad de «visualizar» a una persona desconocida, con la sola invocación de su nombre y apellidos y lugar de residencia? Estos y otros «ejercicios», a cual más fascinante e increíble, habían sido practicados, como digo, por quien esto escribe. Y las sucesivas y pertinentes comprobaciones posteriores fueron confirmando la bondad de tales «ejercicios». Pero la duda, parafraseando a Bini, siguió aguijoneando mi inteligencia. Y surgió la ayahuasca.

Si mis informaciones eran correctas, este brebaje actuaba sobre el cerebro, provocando, entre otros fenómenos de naturaleza alucinatoria, uno muy concreto que llamó mi atención y que, en definitiva, me inclinó a aceptar la prueba. La ayahuasca —una liana de la especie *Banisteria coapi*, de la familia de las «malpigiáceas»— contiene un alcaloide denominado «banisterina» que, amén de su poder como anestésico local, tiene la facultad de excitar el sistema nervioso central. Uno de sus principios activos fue bautizado con el sugerente nombre de «telepatina», en virtud de sus efectos en el campo de la clarividencia y de la telepatía. Pues bien, éste fue mi objetivo: tratar de verificar —por una vía química que trabajase directamente sobre el cerebro— lo que ya sabía y había practicado por los «caminos naturales» («proyección» de la mente mediante las técnicas de «control mental»). Y tras un análisis de los pros y contras de tan inusual aventura, acepté el desafío. A pesar de la escasa información disponible en aquellos momentos en torno a los ingredientes que conforman la poderosa sustancia y que, en buena ley, hacen peligrosa su ingestión, confié en mi buena estrella. Estábamos ante la magnífica y, quizá, irrepetible posibilidad de desplegar toda una «aventura científica». Toda una experiencia personal —meticulosamente controlada— que podía desvelarnos algunos de los insondables y benéficos poderes de la mente. Nuestra intención, además, era filmar el proceso paso a paso. Nunca, que nosotros supiéramos, una televisión española había tenido acceso a tan secreto ritual. (La razón de mi presencia en América durante el otoño y el invierno de 1989 obedecía a la realización de una serie de programas, dirigidos por el doctor Jiménez del Oso y que recibieron el título genérico de «En busca del misterio».)

Y dicho y hecho. Durante varias jornadas me entregué a la compleja y casi policiaca labor de intentar conectar con los ayahuasqueros. Aunque la toma de este brebaje se halla bastante generalizada en el Amazonas, el proceso de conexión y penetración en tan crípticos grupos no siempre resulta sencillo. Pero los «contactos» fructificaron. Y un buen día me vi sentado frente a un tal Paolo Silva, jefe de una especie de comunidad que recibe el nombre de «Cielo del Mar» y que han hecho de la ayahuasca una suerte de «eucaristía» y el «eje» de sus vidas. El amigo Silva e Souza llevaba catorce años tomando regularmente la «soga del muerto» o «santo daime», como denominan también a la ayahuasca en dicho grupo. Se trataba de una comunidad integrada por unas trescientas personas de los más dispares orígenes sociales y profesionales, que había plantado su «cuartel general» a las afueras de Río, en plena selva. Esta secta recibía los ingredientes básicos para la confección del brebaje desde el mismísimo corazón de la Amazonia, en la reserva de Mapiá. Y finalmente, tras no pocas y laboriosas conversaciones, convencidos de la rectitud de nuestras intenciones, aceptaron la singular propuesta: Fernando Jiménez del Oso y yo tomaríamos el «daime» o «planta del conocimiento», en una ceremonia especial exclusivamente preparada para aquellos dos inquietos y osados aventureros de lo insólito. Dadas las características de la ayahuasca —sin duda uno de los más agresivos alucinógenos conocidos—, el mencionado «líder» dirigiría personalmente el ritual y la parafernalia que escoltan siempre este tipo de ceremonias. Él conocía las dosis que debíamos ingerir, los tiempos que obligadamente tenían que transcurrir entre una y otra toma y los cánticos y rezos que —según la más pura tradición ayahuasquera— tenían la misión de «conducir» al «receptor» por los invisibles caminos del «más allá». Y aceptamos, naturalmente. Tanto mi compañero, Jiménez del Oso, como yo nos sentimos felices y emocionados. La verdad es que, en nuestra inconsciencia, no sabíamos muy bien dónde estábamos a punto de penetrar. Obviamos, por supuesto, las consignas más o menos «doctrinarias» de la secta, limitándonos, eso sí, a respetar los consejos de carácter práctico que nos fueron impartidos por el «líder» y que podían beneficiar nuestro estado físico, de cara a la ingestión de la intrigante sustancia. A saber: nada de alcohol y un espartano ayuno, al menos a lo largo de las veinticuatro o cuarenta y ocho horas precedentes al gran momento. Y ese esperado encuentro con lo desconocido llegó el martes, 28 de noviembre.

Hacia las tres de la tarde (hora local de Río), el equipo de filmación —con su engorrosa tonelada de material— fue a instalarse al fin en la «iglesia» de madera que preside la frondosa selva, propiedad de la hermandad del «santo daime». El cielo, negro y bochornoso, amenazaba tormenta. Y así fue. A las cinco y media, una torrencial y tropical cortina de agua nos obligó a refugiarnos en el espacioso lugar de reunión de la secta: una rústica y cuidada cabaña rectangular que, como digo, hacía las veces de «templo». En el centro había sido dispuesta una mesa, primorosamente vestida con inmaculados manteles y sobre la que descansaban una gran cruz de doble brazo, flores silvestres, estampas católicas, un retrato del «Padrino Sebastián» (un anciano maestro espiritual del grupo), agua en abundancia y un alto y campanudo recipiente de blanca cerámica, provisto en su cuello inferior de un grifo y que asocié al punto con el depósito que podía contener la ayahuasca. Y enfrentados a los dos largos costados del insólito «altar», unos bancos y sillas en los que, presumiblemente, deberían sentarse los miembros designados por la hermandad para acompañarnos y dirigirnos en el singular «viaje». Como creo haberlo mencionado, esta «escolta» por parte de los ya «iniciados» era obligada para aquellos que, como nosotros, se enfrentaban a la «soga del muerto» por primera vez. Al parecer, según los entendidos, los efectos del brebaje son tan violentos e incontrolados que el «lego» debe ser «guiado», «aconsejado» y «tranquilizado» por la voz de un experto. Esta circunstancia, lejos de serenar nuestro ánimo, nos movió hacia la desconfianza. Tanto Jiménez del Oso como yo teníamos nuestros propios «planes y objetivos» y no deseábamos «interferencias» de ningún tipo. Pero lo pactado era lo pactado y, de momento, dejamos hacer a nuestros anfitriones.

A las siete, todo se hallaba dispuesto. Las dos cámaras de cine, en sendas y estratégicas posiciones, bajo el control de Jorge Herrero, Pepe Villalba y Ángel Yebra. El sonido en las manos de Pepe Nogueira y la vigilancia del complejo entramado de cables, luces y material técnico al cuidado de Adolfo Cristóbal. Y en la sombra, dirigiendo la filmación, Carlos Puerto. Todos estos excelentes profesionales y mejores amigos, amén de ocuparse de la grabación de tan loca peripecia, se convertirían en buena medida en testigos de excepción de cuanto estoy relatando. Ellos asistieron al «viaje» desde fuera y nosotros, desde dentro. Incluso, dada la enigmática «puerta» que estaba a punto de abrirse en nuestros cerebros, dos de los miembros del equipo —Juan Fernández, productor, y el mencionado Adolfo—, en un gesto de solidaridad y compañerismo, permanecerían atentos a todo lo concerniente a la seguridad e integridad física del psiquiatra y del periodista.

La toma de la ayahuasca fue prevista para las ocho de la noche. Y una hora antes, respetuosos con el ritual, el doctor y yo nos retiramos a una oscura y pequeña estancia, contigua a la «iglesia» en la que aguardaban nuestros cada vez más inquietos compañeros, así como la treintena de hombres y mujeres del «santo daime», seleccionada para la ceremonia. Era curioso: entre estos últimos se respiraba un aire de fiesta. La ingestión del «sagrado licor» constituía siempre un respetuoso motivo de regocijo. Y era recibido como un «don del cielo», como una «santa conexión con la divinidad», como la «suprema gracia» y la posibilidad de «ver, sentir y dialogar con las jerarquías del más allá»...

Paolo Silva, en su condición de «maestro ayahuasquero», nos recomendó sosiego y descanso. En mi caso, al menos, lo que en verdad necesitaba era acción: degustar de una vez aquella pócima de los infiernos y verificar por mí mismo sus cacareados y supuestamente convulsivos efectos. Y tras descalzarnos y acomodarnos sobre las mugrientas colchonetas que alfombraban el cuartucho, cada uno se sumió en sus propios pensamientos. Por mi parte traté de revisar el «plan» concebido para dicha ocasión. En los minuciosos interrogatorios a que había sometido a la gente del «santo daime», todos, unánimemente, coincidían en la necesidad de «dejarse llevar» por la propia «planta del conocimiento». Era lo acostumbrado. Debía ser mi mente, libre y sin ataduras, la que «eligiera» el rumbo. Sí, todo aquello estaba muy bien y probablemente dentro de la más pura «ortodoxia» ayahuasquera. Pero, indisciplinado y anárquico, procuré que las «riendas» de los «salvajes caballos» que me disponía a montar estuvieran en todo momento bajo mi único y exclusivo control. Yo fijaría unos objetivos claros, concretos y, por encima de todo, comprobables *a posteriori*. Todo lo demás me traía sin cuidado. En el fondo, como fue dicho, ésta era la razón básica que justificaba mi participación en tan delicada operación. ¿Y cuáles eran esos «objetivos»? Trataré de simplificarlos:

El primero y más importante, un «viaje». Si la «soga del muerto» —como aseguran los iniciados— le permite a uno «volar mentalmente» donde guste y desee, ¿por qué no tratar de ejecutar un «experimento» tan atractivo? En este sentido, mi propósito era el siguiente: «volar» hasta una determinada ciudad del País Vasco, «penetrar» en un domicilio concreto e intentar «ver» si en el suelo de una de las habitaciones había sido depositado un objeto que, obviamente, yo no debía conocer hasta después de concluida la experiencia. El objeto en cuestión —elegido en secreto por la persona que habitaba dicha casa y a la que expuse el proyecto por teléfono y dos días antes de la toma de la ayahuasca— tenía que reunir, además, una característica especial, multiplicando así la dificultad del «experimento»: la naturaleza del mismo debía ser ajena al mencionado suelo de la habitación. Por ejemplo: si el lugar seleccionado por el dueño de la vivienda era el dormitorio, en el suelo tendría que descansar «algo» que no fuera habitual en ese lugar. Desde una cafetera a un plato de sopa, por citar dos objetos «extraños». Naturalmente, tanto el doctor Jiménez del Oso como algunos de los integrantes del equipo fueron puestos al corriente de semejante maquinación mucho antes de la ingestión del alucinógeno.

Si los alcaloides propiciaban el «viaje» y este inconsciente aventurero lograba «visualizar» el objeto de marras —ubicado a casi diez mil kilómetros—, el remate del «experimento» era coser y cantar. Bastaba con telefonear de nuevo a nuestro «contacto» en España y preguntar la naturaleza de la pieza seleccionada.

El segundo «objetivo» —que nos permitía una precisa y posterior comprobación— fue sugerido por uno de los miembros del equipo, cuya identidad no estoy autorizado a desvelar. El «experimento» era relativamente similar al primero: «viajar» a un domicilio existente en la ciudad de Madrid, «recorrerlo» en su totalidad y «descubrir y describir» un regalo efectuado por mi confidente a la familia que habitaba en esa casa. (Debo advertir que en aquellas fechas —noviembre de 1989—, el equipo de televisión llevaba dos meses fuera de España.) Naturalmente, la única información recibida de mi amigo fue la dirección en la que se levanta dicha vivienda madrileña.

Junto a estos dos «proyectos», susceptibles, como digo, de verificación *a posteriori*, incluí otros dos, de naturaleza íntima y personal y que, como detallaré en su momento, no había forma humana de ratificar objetivamente. Aun así, amparándome en una deducción lógica (aceptando que la «lógica» tenga algo que decir en semejante proceso), si los dos primeros «viajes» resultaban positivos y «acertaba» en las descripciones, ¿qué derecho tenía a dudar de la «realidad» de mis dos postreros propósitos?

Pero entremos ya en la asombrosa experiencia...

Minutos antes de las ocho de la tarde (las once en España), Paolo Roberto Silva e Souza vino a sacarnos de nuestro beatífico reposo. Debo confesarlo. Ingresamos de nuevo en la resplandeciente «iglesia», sujetos a las curiosas y, en cierto modo, benevolentes miradas de los hombres y mujeres que ocupaban ya sus puestos en torno al «tabernáculo» de la secta y experimenté una afilada sensación: al cruzar el crujiente entarimado y tomar asiento en aquel banco sin respaldo me sentí como una víctima propiciatoria. Ciertamente, y por las razones ya esgrimidas, quien esto escribe había aceptado el reto libre y voluntariamente. Pero el miedo rondó a mi alrededor. Me habían hablado igualmente de las desagradables y flagelantes reacciones físicas que se derivan indefectiblemente de las primeras tomas. La ayahuasca era implacable. Antes de «penetrar» en ese especial estado de conciencia, el bebedizo «pasaba factura». Y un escalofrío —quizá premonitorio— hizo temblar mis dedos al desatar la correa del reloj. Pero, como los buenos toreros ante el portón de «los sustos», apreté los dientes y busqué refugio en la aparentemente plácida faz de mi compañero de aventura. Sentado a mi derecha, Fernando Jiménez del Oso, impasible y relajado, parecía estar a punto de degustar una suculenta paella valenciana. Su presencia —no en vano es médico— aplacó al fantasma de la incertidumbre. Y, tal y como había programado, dispuse el «diario de campo», con la sana y juiciosa intención de ir anotando todas y cada una de mis reacciones durante el tiempo que durase la experiencia. Sé que esta actitud puede parecer absurda e incongruente. Si el sujeto que se sometía a la pócima emprendía en verdad ese alucinante «viaje», ¿cómo «conservar» la normalidad y la lucidez que exigen un control escrito? En principio, según mi corto conocimiento, la mente es una e indivisible. ¿O no es así? Pero no adelantemos acontecimientos. Que sean los lectores y los expertos quienes reflexionen sobre lo que estaba a punto de ocurrir...

Y puntuales, tras unos rezos preñados de sincretismo, la hermandad del «santo daime» estalló en una sucesión de cánticos monocordes y repetitivos que no cesarían en las casi cuatro horas que duró la ceremonia. Un coro arropado por guitarras y que, en todo momento, fue diestra e inteligentemente dirigido por el «líder», Paolo Silva, sentado a la cabecera de la mesa y encargado al mismo tiempo del suministro de la ayahuasca. Ante mi sorpresa, a lo largo de todo el experimento no hubo una sola voz que hiciera de «guía». En esta oportunidad, al menos, el «sistema» utilizado por los ayahuasqueros fue el de los referidos cánticos, que ensalzaban sin cesar las virtudes, la bondad y la sabiduría de la floresta amazónica. En mi caso —conviene adelantarlo—, esta «fórmula» de conducción resultó tan ineficaz como molesta. Lejos de «impulsar o estimular» mi mente hacia ese «más allá», sólo contribuyeron a distraer mi atención. Y dicho esto, siempre en beneficio de la autenticidad, a partir de ahora procuraré ajustarme a lo descrito en mi inseparable diario «de a bordo». Entiendo que esas anotaciones y comentarios, registrados «en vivo y en directo», son del todo elocuentes:

20.14: primera toma. Paolo, en mitad del ensordecedor coro de voces, abre el grifo de la enorme cántara de porcelana y procede a llenar un generoso vaso de cristal. Cálculo aproximado: entre 150 y 200 centímetros cúbicos. Borbotea un líquido de color «chocolate», bastante fluido... Fernando se pone en pie y recibe el vaso de manos del «líder». Lo apura en siete segundos. Veo al equipo filmando con frenesí. Me toca el turno. Me alzo igualmente y me hago con la ayahuasca. No puedo evitarlo: me tiemblan los dedos. Lo ingiero con mayor lentitud que J. del Oso. El «impacto» está a punto de jugarme una mala pasada. Casi me atraganto. ¡Es repugnante...! Amargo, frío, rompe las entrañas... Fernando y yo nos miramos. Cruzamos una significativa mueca de horror. Ahora sólo podemos esperar. El resto del grupo va desfilando junto a Paolo y apurando su dosis correspondiente. Arrecian los cánticos...

Intento relajarme. La pócima me hace temblar de pies a cabeza. Mis reacciones, sin embargo, son normales. La visión, óptima. Escucho con precisión y claridad. Al fondo, incluso, creo percibir los murmullos del realizador y de los cámaras... Cierro los ojos, tratando de percibir algo. Pero, ¿qué se supone que debo captar?

20.54: segunda toma. Son las 23.54 en España. Idéntica dosis. Entre ambas tomas noto una especie de pinchazo en el centro de la frente. No hay forma de acostumbrarse al maldito amargor...

Náuseas... Aparecen en oleadas. Mal asunto. Esto empieza a complicarse. El estómago se retuerce. Dolor sordo a nivel de vientre. Diafragma y esófago «protestan».

Hace rato que Fernando y yo no hablamos. Entiendo que sus síntomas pueden ser parecidos. Tiene mala cara.

21.10: uno de los miembros del grupo mueve la foto del «Padrino Sebastián», situándola más cerca de nosotros.

Música y canciones imparables. Son incansables...

21.37: las náuseas se multiplican. Sudor frío. Capto ligeros mareos. Encuentro dificultad para escribir... Visión: aceptable. Al fondo, por las ventanas abiertas de la «iglesia» escucho el gratificante ruido de la lluvia... No «recibo» ni «capto» nada especial... Creo que mi conciencia continúa intacta y lúcida... Temperatura normal, aunque empiezo a experimentar algo de frío...

Fernando, al interesarme por su estado, responde lacónicamente: «Mareos y diarreas.» Me asusto.

21.44: náuseas, mareos y primeros síntomas graves que anuncian vómitos. Lucho por controlar mi dolorido estómago. Esto es infernal. Me siento morir...

21.50: imposible contenerme. He tenido que levantarme y refugiarme en uno de los flancos de la «iglesia». Las arcadas llegan por oleadas. Me baña un sudor gélido. No he conseguido vomitar. Creo haber expulsado algunos ácidos (?)... Estómago, vientre, riñones, esófago y garganta se resienten del poderoso esfuerzo por expulsar la pócima.

21.52: retorno inseguro al banco. Adolfo se ha situado a nuestra espalda, vigilante e inquieto. Cierro los ojos de nuevo. Inspiro en profundidad. Nada. Aquí no pasa nada...

22.07: alguien destapa la cántara de cerámica y vierte una botella de ayahuasca. Las náuseas y mareos empiezan a remitir. Escribo con mayor lentitud. Sigo percibiendo la realidad que me rodea. Pepe Villalba ha vuelto a cambiar de chasis. Pero estos cánticos...

22.09: tercera toma. Idéntica dosis. La ayahuasca rasga como un cuchillo de hielo. Estoy más tranquilo. No veo a Jiménez del Oso a mi lado.

22.20: la visión se espesa. Debo esforzarme para distinguir la hora. ¿Primeros síntomas? El malestar general desaparece... Percibo una progresiva relajación. Pero, esa música... Si pudieran parar... Algo ocurre... Me distraen... Actúo por mi cuenta...

22.30: abro los ojos. En estos últimos minutos ha sido magnífico. Paz. Paz... Sensación de paz. Actúo al margen de los cánticos. Soy consciente de que escribo, de que estoy aquí, del reloj, del equipo. Al mismo tiempo no estoy aquí... La estrella del techo me ayuda con su secuencia... No puedo contar ese vuelo... Ahora no...

Me veo obligado a «saltar» sobre mi propio diario. En esas especiales circunstancias —a las dos horas, aproximadamente, de haber ingerido la primera dosis— resultaba poco menos que imposible la transcripción detallada de lo que estaba «viendo y viviendo». Fue paulatino, pero inexorable. Hacia las 22.20 horas (madrugada en España), los efectos del alucinógeno empezaron apercibirse en mi organismo: benéfica relajación muscular, pesadez en los párpados, movimientos de los globos oculares y una indescriptible sensación de paz y bienestar. Y todo ello, sin dejar de recibir los lógicos y naturales estímulos exteriores: ruidos de pisadas a mi alrededor, cánticos, silencios, carraspeos... Me hallaba plenamente consciente. De vez en vez, aunque con dificultad, abría los ojos, tomaba algunas notas y regresaba ansioso y entusiasmado a tan placentero estado. En un primer momento —antes de «poner en marcha» los «objetivos» previamente trazados— me llamó la atención un hecho probablemente pueril. Sobre la mesa, colgando del techo, oscilaba una estrella dorada, mecida por la brisa que penetraba por los costados abiertos del «templo». Sus rítmicos destellos, cada cinco o seis segundos, fueron más útiles en el proceso de concentración que todos los cánticos de la hermandad. Pero lo asombroso es que cada uno de los movimientos de alzada de mi cabeza, a la búsqueda de los mencionados reflejos dorados, se me antojaban interminables, lentísimos, casi eternos. Y al hacer coincidir mis ojos cerrados con dichos destellos, mi mente, mi «otro yo» o lo que fuera «escapaba» de mi cuerpo físico, emprendiendo el «vuelo». ¡Ah, una vez más, las palabras me limitan!

Y en uno de esos «encuentros» con la estrella me sorprendí a mí mismo «fuera» de la «iglesia», flotando sobre la vertical de la misma y en mitad de la noche. Quizá estuviera a cien o doscientos metros de altitud. Veía la luz que escapaba por los flancos, pero no su interior. Y con una «seguridad» que no acierto a comprender emprendí un «vertiginoso» vuelo en mitad de la negrura. Era una «sensación» (?) viva. Real. Podía «escuchar» (?) el silbido del aire a través de mi «cuerpo». Un «cuerpo» que yo «percibía». Unas «formas» —supongo que humanas— transparentes, que me recordaron el cristal. Un «cuerpo» sin peso, dotado de total libertad. Ingrávido. Dócil. Seguro. Poderoso...

Y en segundos —suponiendo que el concepto tiempo pueda ser utilizado en semejante «estado»— fui descendiendo de nivel. Pero, ¿cómo pude orientarme? Lo ignoro. Lo cierto es que «allí abajo» aparecieron las luces de una gran ciudad. Y «supe» que era Lisboa. «Instantes» después «abordaba» el Gran Bilbao. Y «volando» a la altura de las farolas fui a situarme frente a la casa «elegida». Ni se me ocurrió «abrir» las puertas. Como lo más natural del mundo «atravesé» cristales y maderas, penetrando en el interior de la vivienda. En aquellos «momentos» (?) —según las notas del diario, alrededor de la una y media de la madrugada española—, la familia dormía. Y según lo convenido por teléfono, «recorrí» las habitaciones, a la «búsqueda» del misterioso objeto depositado en el suelo. Fue un «paseo» igualmente placentero, «recreándome» en cuanto «veía», «absorbiendo» hasta el último detalle de muebles y paredes y con la diáfana «sensación» de que la experiencia era tan cierta como aquella «otra» que estaba viviendo entre focos y cámaras de televisión. Pero, ¿cómo era posible que pudiera «estar» en dos lugares a un mismo tiempo?

Al penetrar en uno de los dormitorios, mi atención quedó «clavada» en «algo» que yacía sobre una alfombra. Me aproximé y descubrí una fotografía de unos quince centímetros de altura. ¿Qué hacía aquel retrato en el suelo?

Pero hubo algo más. La mujer que dormía boca abajo en la única cama existente en dicho dormitorio, y que yo conocía, llevaba el cabello largo, a cuatro dedos de la cintura. ¿ Cómo era posible —me pregunté— si dos meses antes, al partir de España, su pelo apenas si descansaba sobre los hombros? E intrigado terminé por abandonar el País Vasco, disponiéndome a ejecutar el segundo de los «trabajos».

Si en el primero de los «objetivos» yo conocía la ciudad y la casa en cuestión, no podía decir lo mismo respecto al domicilio madrileño. Mi ignorancia en lo que a su ubicación se refería era total. Y, sin embargo, el «vuelo» hacia la calle y la casa fue impecable. Y «penetré» en ella, desplegando una minuciosa y exhaustiva «exploración» de sus aposentos. En esta ocasión, los dos únicos moradores se hallaban despiertos. Y cuando estimé que la «misión» se hallaba consumada, puse en marcha el tercer y cuarto «experimentos».

22.43: ahora «vuelo» a mi antojo... Anotaciones lentas... Estoy bien. Ningún dolor... He visto a Jorge aproximándose con la cámara... Jiménez del Oso trata de tomarme el pulso... Me niego... Vuelo otra vez...

Mi estado físico era aparentemente bueno. Tal y como se refleja en el diario, seguía captando cuanto acontecía en mi entorno. Como ya he mencionado, esta especie de «desdoblamiento» —por emplear un término asequible, aunque no sé si exacto—, me tuvo entonces (y todavía me tiene) desconcertado. La ayahuasca había hecho un blanco perfecto en mi cerebro. La «vía química», en suma, funcionaba. Ciertamente tuve que sufrir una hora y media dramática. Pero el «resultado» mereció la pena. Aquella «sensación» —me siguen faltando las palabras— de «flotabilidad», de «poder», de singular «bienestar», sin perder en ningún momento la conciencia, resultaba tan atractiva que ahora comprendo mejor a quienes dicen haber experimentado ese especial «estado de premuerte». Pero sigamos con este obligado resumen.

El tercer «experimento» tuvo un carácter íntimo. Los pocos que me conocen y cuantos hayan podido leer mis libros saben que creo en la existencia de una «fuerza» superior, que «vigila, protege y controla» a cada ser humano. Unos «seres» que —echando mano de una metáfora— servidor suele identificar con los «viejos ángeles de la guarda». Unos «personajes» que —¿por qué no?— podrían «viajar» en lo que denomino, con tanta familiaridad como osadía, la «nave nodriza». Pues bien, aunque no me he referido a ello, por expreso deseo mío, en el transcurso de los dos primeros «viajes», uno de estos «seres» (viejo conocido) me acompañó en todo momento. Y concluido el «asunto» de Madrid, «deseé» ver (?) esa famosa «nave nodriza». Y el «ser» que «volaba» a mi lado «sonrió», señalándome las «alturas». Y al igual que en las películas de Supermán, ese extraño «J. J. Benítez» ascendió como un cohete, abriéndose paso en la oscuridad del espacio. Unas tinieblas azabache. Espesas. Y recuerdo haber «visto» —por mi derecha— la curvatura de la Tierra. A juzgar por la escasa inclinación de ese arco, que destacaba en la negrura por una estrecha y difuminada «banda» azul, no debía «hallarme» a demasiada altura. Y «ahí» terminó mi nuevo «vuelo». «Algo» me bloqueó, deteniéndome. Y en lo alto —no demasiado lejos— descubrí una inmensa «luz» blanca. Guardaba la forma de un ovoide. Parecía inmóvil. Y «comprendiendo» que el acceso a la misma me estaba prohibido, me limite a contemplarla. Y en ello estaba cuando, de pronto, de la gigantesca «luz» surgieron dos «hileras» de «seres». Y a gran velocidad descendieron hacia la Tierra. Una desfiló por mi izquierda y la otra por mi derecha. Pero fue imposible captar o retener sus rostros. El ritmo de aquellas «procesiones» de «seres» era vertiginoso.

El cuarto «deseo» —no sé si debo calificarlo de «experimento»— llegó a renglón seguido. Casi formando parte de esa desconcertante «secuencia» de personajes «rumbo» a nuestro mundo. No es ningún secreto, al menos para los que hayan podido leer los Caballos de Troya, que profeso una inquebrantable admiración y cariño por Jesús de Nazaret. Yo también tuve mi particular «Damasco» y, desde ese instante, sé que le debo mucho. Y he aquí que, en mi ingenuidad —como algo muy personal me propuse servirme de la ayahuasca para tratar de verle. Sólo quería contemplarle. «Saber» cómo es en realidad. Puestos a pedir...

Y súbitamente, mientras «flotaba» en el espacio, de la magnífica «luz» se desprendió «algo». Pero ese «algo», en lugar de pasar de largo, como sucediera con los «seres», fue a situarse frente a este «pecador». Casi al alcance de mi mano. Era una cabeza humana (?). Y la reconocí al momento. Pero, ¿cómo era posible? Ese «rostro» impresionante, dulce, majestuoso, llevaba años colgado en mi lugar de trabajo... Un buen día, allá por el año 1984, justo tras la aparición del primer Caballo de Troya, la imagen en cuestión «apareció» en mi domicilio, sin remitente, ni señal alguna del punto de procedencia. Y aquel rostro me cautivó. Y ahí sigue, frente a mi mesa de trabajo, como una ayuda y un confidente.

A qué negarlo. Aquel postrer «regalo» de los cielos me dejó confuso y emocionado. ¿Era ése el auténtico aspecto de Jesús? ¿Y por qué no? La verdad es que la «aparición» de aquella «imagen» en mitad de la oscuridad del espacio era lo último que hubiera podido esperar e imaginar. Sinceramente, yo había «concebido» al Hijo de Dios como un ser de luz...

A las 00.53, alguien tocó en mi hombro. Y al abrir los ojos comprendí que la experiencia había concluido. Los cánticos cesaron y el equipo se dispuso a recoger el material. E instintivamente me resistí. No deseaba «salir» de tan benéfico estado. Según el «diario de campo», mi estabilidad se resintió, al menos durante tres horas. Fue menester que mis compañeros me sujetaran. Mi conciencia era plena, aunque sensiblemente amortiguada por una especie de «embriaguez» dulce y acogedora. La conversación fue coherente aunque extraordinariamente lenta. Mis palabras fluían en un tono bajo, sin prisas y lamentando el brusco «retorno» a la dura «realidad». Y fue en el autobús, nada más abandonar el recinto del «santo daime», cuando, gracias a los excelentes reflejos periodísticos del jefe de fotografía del equipo, Jorge Herrero, íbamos a disponer de un documento sonoro de vital importancia. Postrado en el asiento del autocar que debía devolvernos a Río, recuerdo entre brumas el pequeño magnetófono de Jorge y algunas de sus preguntas. Y allí, providencialmente, fui relatando parte de la experiencia. Supongo que el natural escepticismo de mis amigos debió de tambalearse peligrosamente. ¿«Volar» con la mente? ¿«Viajar» a diez mil kilómetros y «penetrar» en las casas como un fantasma? Ellos sabían de mi honestidad y seriedad. Y la narración de tan increíbles sucesos les dejó atónitos. Pero la gran sorpresa llegaría al día siguiente. Fue suficiente una llamada telefónica a la dueña de la casa, en Bilbao, para verificar que, en efecto, esa madrugada, en el piso de uno de los dormitorios, el misterioso y desconocido objeto depositado en el suelo había sido ¡un retrato en color! Que cada cual saque sus propias conclusiones...

En cuanto al segundo «experimento», el acierto fue igualmente total. Mi compañero de equipo, al escuchar la descripción de la vivienda madrileña, quedó desconcertado. ¿Cómo era posible que pudiera hablarle hasta de los palos de golf que adornaban las paredes?

Estos asombrosos relatos de los primeros «viajes» —constatados, como digo—, *a posteriori* me inclinaron a creer que también el tercer y cuarto «experimentos» podían encerrar una notable dosis de verdad. Como manifestaba el Maestro, «quien tenga oídos, que oiga...».

Pero, al margen de los «aciertos», quizá lo que más llamó mi atención de semejante «aventura» —y que conservo en mi corazón como un preciado «tesoro»— fue la nítida y rotunda «sensación» de «poseer la Verdad». Si «traducir» a palabras la experiencia de la ayahuasca resulta ya comprometido, intentar describir ese sentimiento es poco menos que imposible. Lo cierto es que, mientras «volaba y viajaba», ese extraño «estado de conciencia», me permitía «saberlo y conocerlo todo». Y yo estaba seguro de que así era. Y en el fondo me sentí feliz y esperanzado porque, en definitiva, ése debe de ser el «mundo» que nos aguarda al otro lado de la muerte. Y «supe» también que la temida muerte, tan pésimamente interpretada como explicada a lo largo de la historia, guarda una íntima relación con cuanto me tocó «vivir» en aquel tiempo sin tiempo.

Situación de Brasil.

J. J. Benítez junto a Jorge Herrero, jefe de fotografía del equipo de televisión que filmó la toma de la ayahuasca en la selva brasileña. La imagen fue tomada poco antes de la ingestión del alucinógeno.

La cocción de la ayahuasca o «soga del muerto», el más poderoso alucinógeno del mundo. (Foto: J. J. Benítez.)

El doctor Jiménez del Oso y Juanjo Benítez, a las dos horas de haber efectuado la primera toma de la «planta del conocimiento». El semblante de J. J. Benítez presenta ya signos inequívocos de profunda alteración.

J. J. Benítez en pleno «viaje», rodeado de los miembros de la hermandad del «santo daime». En el centro de la imagen, la gran cántara blanca sostiene la ayahuasca.

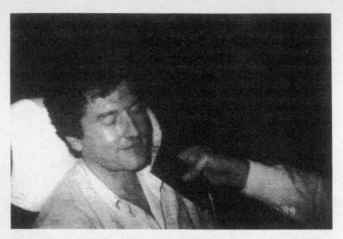

Tras casi cinco horas de experiencia, J. J. Benítez, todavía bajo los efectos de la «soga del muerto», es interrogado por Jorge Herrero. Su rostro aparece igualmente alterado.

El misterioso «rostro» que viera J. J. Benítez en mitad del espacio.

MÉXICO: UN «AS» EN LA MANGA

Me resisto a olvidarlas. Estos apresurados apuntes —arrancados de mi agenda «secreta»— no quedarían completos si pasara por alto las llamadas «apariciones marianas». Pero ¿cómo hacer? En mis archivos, el «catálogo» de este tipo de sucesos enigmáticos suma ya más de 21.000 casos. A la espera de tiempos mejores, en los que poder ofrecer esa inmensa documentación, me resignaré a «sobrevolar» uno de estos enigmas. Una «aparición» que, por su naturaleza y por el papel desplegado por la ciencia, ha llenado de asombro a los escépticos y de fundadas esperanzas a los creyentes.

Trataré de hacer memoria.

Fue por el año 1977 cuando, practicando uno de mis «vicios» favoritos —la «exploración» de viejas librerías—, la «casualidad» hizo que cayera en mis manos la imagen de un «hombre barbudo». Recuerdo que me hallaba en México, Distrito Federal, envuelto en «otros misterios». Pero aquel humilde y olvidado estudio de los mexicanos Carlos Salinas y Manuel de la Mora, en torno a los «ojos de la Virgen de Guadalupe», me electrizó. Y durante meses renuncié a las restantes investigaciones, entregándome en cuerpo y alma a este, para mí, nuevo y fascinante desafío.

Los mexicanos lo sabían desde hacía cincuenta años. Pero, por una serie de razones que, de contarlas, alargarían peligrosamente esta breve incursión, el misterio de la Guadalupana había quedado atrincherado entre unos pocos privilegiados. Todo había empezado en los años veinte, cuando el fotógrafo oficial de la basílica donde se veneraba la hermosa y supuesta «pintura» de la mencionada Virgen descubrió que en uno de los ojos aparecía un busto humano. Y Marcué, con las pruebas en la mano, acudió a la jerarquía eclesiástica. Efectivamente, «allí había un hombre con barba». Pero la Iglesia ordenó silencio. Y el enigma permaneció «dormido» durante casi treinta años. Y en 1951, como ocurre con frecuencia en estos asuntos, el destino desempolvó la intrigante historia. Y los ya mencionados Salinas y Mora «redescubrieron» al «hombre barbudo». Y lograron que la ciencia pusiera sus ojos en los de la venerada reliquia. Y por la vieja basílica de Guadalupe fueron desfilando los más prestigiosos médicos, científicos e investigadores. Y tras numerosos e implacables exámenes, todos reconocieron que «aquello era inaudito e inexplicable».

¿Cómo entender que en los ojos de una imagen que se remontaba —según la leyenda— a la segunda mitad del siglo XVI pudiera «aparecer» la figura de un hombre barbudo?

Pero había más, mucho más en aquellos ojos de ocho milímetros...

Antes de proseguir con los sorprendentes hallazgos que irían desencadenándose, estimo justo y necesario abrir un paréntesis, con el fin de situar al lector en los principales antecedentes que constituyen aquellos «milagrosos hechos» registrados en 1531 en las cercanías de México-Tenochtitlán.

Cuenta el antiquísimo documento náhuatl *Nican Mopohua*, escrito por el sabio Antonio Valeriano —uno de los indios al servicio del cronista fray Bernardino de Sahagún—, que en los primeros días de diciembre del referido año de 1531, un «macehualli» o campesino del pueblo de Cuautitlán se dirigía a pie hacia la capital mexicana. Y al pasar por la falda del cerro del Tepeyac se le presentó una Niña de vestiduras luminosas. Y esas apariciones se repetirían hasta cuatro veces en los siguientes días. Y en todas ellas, la Niña encomendó al indio Juan Diego que comunicara al entonces obispo de la Nueva España, el vizcaíno fray Juan de Zumárraga, que, siguiendo sus deseos, le edificara allí mismo —el Tepeyac— un templo en su honor. Pero el vasco, lógicamente escéptico, no creyó al humilde «macehualli». Y quizá por quitárselo de encima terminó pidiéndole una prueba. Y el 12 de diciembre, siguiendo las indicaciones de la Niña, Juan Diego se presentó de nuevo en el palacio de Zumárraga. Y en presencia del obispo y de otros testigos desplegó la tilma o capote que le cubría, dejando caer un puñado de rosas «de Castilla». Y los presentes quedaron consternados. En parte, porque en esa época invernal era del todo imposible que pudieran florecer dichas rosas. Pero, sobre todo, ante el «dibujo» que se había formado súbita y misteriosamente en el tosco manto de fibra vegetal que portaba el indio. Una «pintura» en color que representaba a la Virgen y que, como reza la leyenda, «no obedecía a pinceles ni manos humanas».

Desde entonces, la «milagrosa» imagen de la Virgen de Guadalupe ha sido expuesta y venerada en sucesivas ermitas y templos, siempre en el cerro del Tepeyac, escenario de tan prodigiosos acontecimientos. Y allí puede contemplarse hoy, sobre el altar mayor de la moderna basílica que lleva su nombre, en la gigantesca metrópoli azteca.

Pero no sería hasta bien entrado el siglo XX cuando —por los motivos ya expuestos— la supuesta «pintura» de la Niña cobraría un nuevo y sugestivo valor, al menos para la comunidad científica y para cientos de miles de ciudadanos de todo el mundo.

Al profundizar en los análisis, los médicos —en especial los oftalmólogos—, además de ratificar la realidad incuestionable de ese «hombre con barba», fueron a descubrir que dicha imagen se hallaba repetida en ambos ojos y presentando un conocido efecto óptico: la llamada «triple imagen de Purkinje-Sanson». Esto, obviamente, descartaba cualquier posibilidad de azar en la formación del «busto humano». ¿Por qué? Muy simple: las referidas imágenes de Purkinje-Sanson habían sido descubiertas por estos médicos en el siglo XIX...

Este efecto óptico, como saben bien los oftalmólogos y los aficionados a la fotografía, consiste en un triple reflejo, perfectamente localizado en cualquier ojo vivo. Cuando una persona, objeto, etc., suficientemente iluminados, se encuentran cercanos a los ojos de un ser humano, son reflejados por triplicado. A saber: una primera imagen en la cara anterior de la córnea. La segunda en la superficie anterior del cristalino y la tercera en la cara posterior del mismo cristalino. Y ello se debe a que las caras anteriores de la córnea y del cristalino actúan a la manera de espejos convexos, proporcionando imágenes derechas y más pequeñas de los objetos en cuestión. La cara posterior del cristalino, en cambio, trabaja como un espejo cóncavo, dando lugar a imágenes invertidas. Pues bien, esto fue lo que hallaron los especialistas en los ojos de la Virgen de Guadalupe. El «hombre barbudo» aparecía por triplicado, siguiendo fielmente estas leyes ópticas. Y también se hallaba en el ojo izquierdo, aunque ligeramente distorsionado, como consecuencia del efecto estereoscópico.

¿Y todo esto había sido idea del anónimo «pintor» del siglo XVI? Naturalmente, tan descabellada hipótesis fue rechazada por los científicos. «Allí» había «algo» que no encajaba, al menos para la «ciencia y la tecnología» de la Edad Media. Y la ciencia continuó sus indagaciones. Y en 1979 y 1980, dos expertos norteamericanos en radiaciones infrarrojas —los profesores Smith y Callahan, de la Universidad de Florida y del Pensacola College, respectivamente—, tras someter la imagen original a una compleja batería de experimentos, dieron a conocer las siguientes y espectaculares conclusiones:

1.ª Coinciden con otros investigadores que trabajaron anteriormente sobre el tosco manto en la inexplicable brillantez y frescura de los colores, así como en la insólita carencia de aparejo o barniz algunos. A pesar de lo cual —dicen—, la túnica y el manto permanecen tan brillantes y coloreados como si acabaran de ser pintados.

2.ª En relación a los colores, ni el azul del manto ni el rosado de la túnica tienen explicación científica. El primero, por estar constituido por un colorante desconocido. El segundo, por no proceder tampoco de pigmentos minerales (éstos son opacos a los rayos infrarrojos) ni orgánicos (vegetales o animales). Estos pigmentos no producen colores permanentes, a menos que estén cubiertos por una capa de barniz que los proteja. Y no es éste el caso.

3.ª En cuanto a la «factura» —es decir, a la forma de ejecución, de la supuesta «pintura»—, los investigadores no encuentran palabras para expresar su admiración ante la increíble perfección de la expresión facial de la Virgen. Parece como si el autor hubiera realizado la imagen «de una vez», sin titubeos ni los clásicos «arrepentimientos» propios de todo artista, que le obligan a retocar, una y otra vez, hasta que culmina la obra.

4.ª A través de la fotografía infrarroja se aprecia con nitidez cómo la imagen carece de «direccionalidad». Algo impropio en una pintura humana. Lo habitual en cualquier cuadro es que las «direcciones» que han seguido los pinceles constituyan un lógico «maremágnum» de «trazados».

5.ª A lo largo de las investigaciones pudo comprobarse igualmente que algunas partes de la Guadalupana sí corresponden a retoques o añadidos humanos. «Alguien metió las manos», añadiendo por su cuenta la luna, el ángel, las cuarenta y seis estrellas que figuran en el manto, los rayos que parten del cuerpo, los arabescos de la túnica, la orla y determinadas «sombras» del rostro. En suma: la imagen original poco o nada tenía que ver con la que conocemos.

Y en esa misma década de los años ochenta, otro científico —el profesor Aste Tonsmann, de la Universidad de Cornell y experto en computadoras— vendría a complicar el «enigma de la Virgen de Guadalupe» con un enésimo hallazgo para el que la ciencia tampoco tiene explicación posible. Al menos por el momento...

Mediante un complejo sistema de ampliaciones, el doctor Tonsmann tuvo la genialidad de «traducir» a dígitos todos y cada uno de los miles de «grises» que dan forma a los ojos de la Niña. Y merced a la intrincada labor de un «microdensitómetro», de las «profundidades» de dichos ojos fueron surgiendo algunas figuras que nadie había detectado hasta esos instantes. Y de las córneas de la enigmática «pintura» brotó la imagen de un «indio sentado», la «cabeza de un anciano», «varias mujeres», y así hasta un total de catorce «personajes» que, al parecer, formaban parte de una escena. Una escena que, al igual que el «hombre con barba», también se repetía en el ojo izquierdo, eliminando así la palabra «casualidad».

Y esa «escena» —en opinión del atónito profesor— pudiera corresponder a la ya relatada «secuencia» del histórico «milagro de las rosas», en el palacio del obispo Zumárraga.

¿Qué ocurrió realmente aquel 12 de diciembre de 1531 en México? ¿Quién o quiénes fueron capaces de semejante «prodigio»? ¿Cómo lo consiguieron? ¿Y por qué estos asombrosos «hallazgos» han saltado a la luz, justamente ahora, en una época de arrolladora incredulidad? ¿No será que todo —en los cielos y en la tierra— se halla «atado y bien atado»?

Que el lector —si se siente con fuerzas— saque sus propias conclusiones. Como decía mi viejo maestro, el padre Carreño, parece como si la Divinidad se hubiera guardado un «as» en la manga...

ITALIA: EL ENIGMA DE LOS ENIGMAS

Tampoco es «casualidad» que concluya este repaso a «mis enigmas favoritos» con el que siempre he estimado como el gran reto científico del siglo XX. El más oscuro y luminoso a un tiempo. El más irritante y polémico. El más tangible y, sin embargo, el más escurridizo. El más sugerente y prometedor...

Un enigma que se cruzó en mi camino en 1975 y al que he quedado enganchado sin remedio. Un enigma, en definitiva, que —a nivel personal— me permitiría «redescubrir» la figura del más grande Hombre nacido jamás sobre este joven y atormentado mundo: Jesús de Nazaret.

Llevo, pues, quince años estudiando, investigando e interrogando a cuantos han tenido o tienen que ver con la Sábana Santa de Turín. Y en ese dilatado período de tiempo —tras acumular cientos de datos— he llegado a la íntima conclusión de que el famoso lienzo de lino, no solamente es auténtico sino que, sobre todo, contiene la imagen del cadáver de mi admirado Jesús de Nazaret. Después de tantas y tan prolijas indagaciones, consultas y estudios, sería de hipócritas y medrosos que me encogiera de hombros, amparándome en la, a veces estúpida, «imparcialidad científica».

Sé lo que estarán pensando los escépticos e indocumentados de turno.

«¿Y las recientes pruebas del Carbono 14?»... «La ciencia ha demostrado que ese paño de tela tiene un origen claramente medieval...» «Los tres laboratorios que practicaron los análisis se han expresado sin titubeos: la Sábana Santa ha sido datada entre los años 1260 y 1390.»

Y el revuelo a partir de aquel otoño de 1988 —fecha de la divulgación de dichos resultados— haría estremecer a los creyentes, incomodando y llenando de lógica extrañeza a las decenas de científicos que llevaban décadas explorando la misteriosa y espléndida imagen. Lamentablemente, el ser humano parece no tener —o no querer tener— memoria para su propia historia. Porque la polvareda levantada por los expertos de los laboratorios europeos y norteamericanos no es nueva. En los primeros años de este siglo, otro grupo de científicos —capitaneados por el biólogo de la Universidad francesa de la Sorbona, Paul Vignon— también «encontró» la explicación al supuesto misterio de la Síndone. Y la célebre teoría de la «vaporigrafía» dio la vuelta al mundo, zanjando —aparentemente— la cuestión. «Las imágenes —dijeron— son el claro fruto de la combinación química de los áloes con las emanaciones amoniacales provenientes del sudor y de la sangre.»

Años más tarde, otros colegas de Vignon, demostrarían que la tesis del amoníaco era una solemne ridiculez... Pero, como digo, durante un tiempo, sabios y profanos creyeron que «todo estaba resuelto».

Y algo similar —aunque con menor poder de penetración en la opinión pública— acontecería en los años setenta, cuando el norteamericano McCrone lanzó a los cuatro vientos la «explicación» de una Sábana Santa «pintada por un anónimo artista». El hallazgo de partículas de óxido férrico en el tejido —según el científico de Chicago— «ponía las cosas en su justo término». Y la comunidad científica, que se había quemado las cejas en exhaustivos análisis de la reliquia, tuvo que soportar otra oleada de críticas, burlas y recriminaciones. Pero, a no tardar, otros especialistas —en este caso los hematólogos— descubrirían el craso error de McCrone: esos «submicrones» de óxido férrico, detectados en las manchas de sangre, no eran restos de pintura, sino parte integrante de la propia sangre.

¿Ocurrirá lo mismo con esta nueva y reciente conmoción, provocada por el escasamente fiable método de la datación por el C14?

Basta echar un vistazo a las cada vez más numerosas declaraciones de los científicos en torno a dicho sistema para intuir que —en breve plazo— puede correr la misma suerte que las «revolucionarias» hipótesis de Vignon o McCrone.

No aburriré al lector con las ya archisabidas y certeras argumentaciones que ponen en tela de juicio la fiabilidad de dicha fórmula de datación: notable «suciedad» de la muestra (se calcula que el diez por ciento del peso de la Sábana corresponde a materiales orgánicos añadidos con el paso de los siglos), presencia de una «radiación» desconocida que pudo formar la imagen y que, sin duda, alteró los genuinos porcentajes de carbono del lino, y factores como el incendio de Chambéry, que llegó a fundir parte del arca de plata que contenía el lienzo y que, a todas luces, desequilibró la pureza de la muestra.

Pero quizá resulte mucho más elocuente recordar algunos de los estrepitosos y divertidos fracasos que ha llegado a protagonizar este «infalible método» del C14. La verdad es que hablan por sí solos...

En 1988, la revista *Science* denunciaba que —gracias a la datación por el radiocarbono—, algunos caracoles «vivos» sometidos a dicha medición habían arrojado una antigüedad de ¡26.000 años!

En otra oportunidad, el C14 había «fijado» la edad de una foca «recién muerta» en 1.300 años.

La revista *Radiocarbon* advertía de los peligros de este procedimiento y proporcionaba otro ejemplo significativo: un mamut que había existido hace 26.000 años «sólo» presentaba una antigüedad de 5.600.

¿Y qué pensar del «incidente» vivido por el director del laboratorio de Zurich —uno de los encargados de la datación de la Sábana Santa— cuando, al someter el mantel de su suegra al C14, comprobó con estupor que arrojaba una edad de casi cuatro siglos...? «La culpa —se excusó— la tienen los detergentes.»

Pero la anécdota del mantel es «cosa de niños» si lo comparamos con el grave traspiés sufrido por otro de los prestigiosos laboratorios especializados en radiocarbono. En esta ocasión, las «águilas» de Tucson llegaron a fechar un cuerno vikingo en el año ¡2006 después de Cristo!

¿Y qué decir de los análisis efectuados sobre los árboles centenarios existentes en Arizona y que, de acuerdo al C14, «aún no habían nacido»?

Pero volvamos a las fechas proporcionadas por los tres laboratorios, las cuales, según ellos, «explican» el misterio. A título de simple curiosidad se me ocurren algunas malévolas dudas...

Veamos. Si el lienzo que se conserva en Turín fue «confeccionado» o «manipulado» entre 1260 y 1390, ¿cómo aclarar lo siguiente?:

1. La imagen que aparece en el tejido es un «negativo fotográfico». Que se sepa, el único descubrimiento relacionado con la óptica en los siglos XIII y XIV se debe al sabio inglés Roger Bacon quien, hacia 1249, desarrolló unas lentes convexas que dieron lugar a la aparición de los anteojos, «primos lejanos» de las gafas. ¿Es que el supuesto «artista» o «falsificador» se adelantó en seis siglos al hallazgo de la fotografía?

2. Tanto de las fibras del lino como de la caja que lo contiene ha sido extraído más de medio centenar de tipos de polen diferentes. El palinólogo Max Frei —fallecido en Suiza en 1983—, llegó a identificar, con su microscopio, hasta 57 clases de polen, correspondientes a plantas de Europa, Turquía, Anatolia e Israel. Es decir, toda una representación de la flora de los países por los que había «peregrinado» la Síndone durante los primeros siglos, tal y como refieren infinidad de testimonios y documentos históricos. Y entre esos especímenes «enganchados» en la trama del tejido fueron halladas muestras de polen palestino fósil del fango del mar Muerto, del desierto del Neguev y de los estratos sedimentarios del lago de Tiberíades. Pues bien, la pregunta es obvia. Si el polen sólo puede ser identificado con el microscopio, ¿como pudo esparcirlos el «falsificador» de marras de los siglos XIII o XIV, si este aparato fue inventado en 1590? Y el bueno e ingenioso de Zacharías Janssen no consiguió lo que nosotros entendemos hoy por microscopio, sino más bien un rudimentario sistema de aumento, basado en un tubo con dos lentes convexas en cada uno de los extremos. Fue menester espe-

rar hasta 1650 para que otro holandés, Jan Swammerdam, ideara un microscopio que permitiera observar los detalles de las cosas vivas. Sinceramente, no consigo imaginar al «artista» —allá por los años 1260 al 1390—, rastreando Judea para localizar las dieciséis especies de polen de plantas halófitas que sólo prosperan en los suelos con alta concentración de salinidad (caso del mar Muerto), para después dejarlos caer sobre la falsa Sábana Santa y confundir así a los hombres del futuro...

3. Numerosos hematólogos han estudiado a fondo las manchas y coágulos de la Síndone, verificando que, en efecto, se trata de sangre humana. Una de estas investigaciones —a cargo del profesor Baima Bollone— arrojó un resultado sorprendente: las trazas sanguinolentas de la Sábana Santa pertenecen al grupo AB, un grupo sanguíneo muy extendido en las regiones del Líbano y de Israel. Y surge el interrogante: ¿cómo pudo «seleccionar» el «falsificador» o «falsificadores» de los siglos XIII o XIV este tipo específico de sangre para su «magistral trabajo» si el descubrimiento de los grupos sanguíneos fue obra del médico austríaco Karl Landsteiner en 1900?

4. Si la tradición pictórica nos ha mostrado durante veinte siglos a un Jesús crucificado por las palmas de las manos y portando una corona de espinas, ¿por qué en esos años, en los que se afirma ahora que fue falsificada la Síndone, se hizo una excepción, presentando las huellas de los clavos en las muñecas y, en lugar de la tradicional corona, las marcas de un «casco» espinoso que perforó buena parte del cuero cabelludo?

5. En noviembre de 1973, el profesor G. Raes, director del laboratorio de Meulemeester de Tecnología Textil de la Universidad de Gante (Bélgica) detectó al microscopio —entre las fibras de lino— algunos

solitarios vestigios de algodón. Concretamente, la variedad *Herbaceum,* muy frecuente en el Oriente Medio, incluso antes del nacimiento de Cristo. Y aparecen las dudas. Si en Europa no se tejía algodón en los siglos XIII y XIV, ¿cómo se las ingenió el «falsificador» para confeccionar un lienzo que incluyera en su trama este tipo concreto de *Herbaceum*? Recordemos que en los siglos XV y XVI, los descubridores y conquistadores españoles quedaron asombrados al ver a los indígenas del Caribe y del Yucatán comerciando con ovillos de algodón.

6. ¿Y cómo «aclarar» el fenómeno de la «tridimensionalidad» que presenta la figura de la Sábana Santa? Han sido necesarios los más complejos ordenadores, microdensitómetros y analizadores de imágenes para dar con él. ¿Y cuál era el grado de desarrollo tecnológico de los años 1260 a 1390? He aquí algunos reveladores ejemplos:

• En 1269, el francés Pélerin de Maricourt tuvo la genial idea de perfeccionar la brújula.

• En 1291, los venecianos «inventan» el espejo.

• En 1298, Europa «recibe» de la India el «torno de hilar», uno de los primeros artefactos mecánicos que aliviaría las pesadas labores de hilo mediante «rueca».

• Y también en 1298, los galeses «descubren» el «arco largo», de 1,80 metros de longitud y que permitía disparar las flechas a trescientos metros.

• En 1300, un alquimista llamado Geber hace la primera descripción conocida del ácido sulfúrico.

• En 1316, Mondino de Luzzi escribe el primer libro de anatomía.

• En 1335 se instala en Milán el primer reloj mecánico de la historia. Funcionaba gracias a la acción de la gravedad sobre unas pesas.

• En 1346, como uno de los grandes «hallazgos» del siglo, se utiliza el cañón en la batalla de Crécy.

7. Los microscopios han revelado la existencia en la urdimbre de restos de una variedad de carbonato cálcico que recibe el nombre de «aragonito», muy frecuente en las cuevas de Jerusalén. Y yo me pregunto: ¿cómo pudo el «genial falsificador» del siglo XIII o XIV incluir semejante sutileza en la Sábana si este mineral fue descubierto en 1775?

A la vista de lo expuesto —que por sí solo ha llenado ya decenas de volúmenes— hasta el menos avisado en el misterio de la Sábana Santa comprenderá que las pruebas con el carbono 14 no han despejado, ni mucho menos, las grandes incógnitas que todavía rodean la atractiva imagen. Muy al contrario, los especialistas que batallan con el enigma desde hace décadas entienden que lo han hecho más sugestivo, si cabe. Y estoy convencido de que este aparente «retroceso» provocará una saludable reacción en cadena, permitiendo a la ciencia una mayor y más intensa búsqueda. Y eso, en definitiva, nos proporcionará «más luz». Luz para intentar aclarar el origen y la naturaleza de la desconcertante radiación que brotó del cadáver, «chamuscando» las fibras superficiales del lino. Luz para tratar de asimilar el carácter de «negativo fotográfico» y de «tridimensionalidad» que encierra dicha imagen.

Y no quiero concluir este apunte sin hacer mención de una «circunstancia» que —desde mi modesto prisma— viene a ser la causa de tan viejas y envenenadas polémicas. Porque, en suma, ¿qué es lo que enciende los ánimos cuando se toca el asunto de la Síndone? Muy simple: la posibilidad de que esa imagen, en efecto, pueda corresponder al cadáver del Hijo del Hombre. Si las huellas que presenta el lienzo de Turín «dibujaran», por ejemplo, a una mujer o a un hombre de «otra época y de otro lugar», científicos y no científicos habrían adoptado una postura mucho menos enconada. Pero la verdad desnuda —al menos para el que lo quiera contemplar con ojos objetivos— es que «todo» señala hacia dicha hipótesis. Y no se trata de un problema de fe religiosa, sino de evidencias y, en especial, de cálculo de probabilidad matemática. Echemos un vistazo a lo que dicen los expertos en este sentido.

A través de la tradición y de los Evangelios tenemos constancia de cómo discurrió la Pasión y Muerte de Cristo. Pues bien, comparemos esos datos con lo descubierto por los médicos en la imagen de la Sábana Santa.

1. Sabemos que Jesús fue «coronado de espinas». En la cabeza del «Hombre» de la Síndone han sido descubiertas las huellas de las púas de un «casco espinoso». ¿Era habitual que los reos del siglo I recibieran este tipo de castigo antes de la crucifixión? Hasta el momento no se ha encontrado un solo testimonio o documento —ni romano, ni asiático ni europeo— que refiera algo similar. La probabilidad, por tanto, para dicho suceso debe ser estimada como muy baja. Y los científicos, curándose en salud, la han situado en uno contra cinco mil. (Ver estudio de Gruno Barberis.)

2. Los especialistas en anatomía han confirmado que el «Hombre» de la Sábana presentaba importantes escoriaciones en las áreas de los hombros, como consecuencia de haber cargado un pesado tronco o madero: el llamado «patibulum». Y de acuerdo también con esta fórmula romana de ejecución, se tiene conocimiento de que el reo sólo transportaba el brazo horizontal de la cruz. La «stipe» o palo vertical so-

lía permanecer fijo en el lugar del suplicio. Es muy probable, en suma, que Jesús fuera amarrado a dicho «patibulum», caminando así durante una parte del recorrido entre la fortaleza Antonia y el Gólgota. Y a la hora de establecer el cálculo de probabilidad, los analistas —tirando por bajo— le han concedido una proporción de uno a dos.

3. Y ese mismo cálculo (uno a dos) es el establecido para el hecho de los clavos en muñecas y pies. El «Hombre» del lienzo de Turín —como ha sido demostrado hasta la saciedad— presenta unas huellas inequívocas. Y aunque lo normal en las crucifixiones romanas era amarrar a los condenados y no malgastar los clavos, las computadoras recibieron la citada proporción de «uno a dos».

4. Más insólito es el asunto de la «lanzada». La costumbre establecía que, en el supuesto de que el crucificado no hubiera muerto y el descenso de la cruz tuviera que ser adelantado, el reo recibía una serie de violentos golpes en las piernas, acelerando así el fallecimiento por asfixia. Y rara era la ocasión en que resultaba alanceado. El «Hombre» que aparece en el lienzo no fue víctima de este quebrantamiento de los huesos y sí herido en su costado derecho, una vez muerto, tal y como revelan los Evangelios.

El cálculo matemático para tan inusual acontecimiento fue fijado en la proporción de uno a diez.

5. Según la costumbre, los cadáveres de los crucificados solían permanecer durante un tiempo expuestos «a la vergüenza pública». Esta dramática circunstancia formaba parte del carácter ignominioso del suplicio. Y una vez descendidos del madero, lo normal era arrojarlos a una fosa común. En el caso de Jesús de Nazaret, como sabemos, el cuerpo fue depositado de inmediato sobre una sábana y trasladado a

un sepulcro. Y esto fue lo que ocurrió con el «Hombre» de la Sábana de Turín. Y los científicos —en un gesto de «generosidad»— establecieron que «uno de cada cien crucificados» pudo recibir tan piadoso tratamiento.

6. También el «Hombre» de la Síndone presenta otra no menos extraña característica, similar a la experimentada por el cadáver de Cristo: ese cuerpo fue sepultado sin recibir los obligados y tradicionales cuidados de lavado y unción. Algo inexplicable dentro de los sagrados rituales judíos de la época. A no ser, claro está, que, como especifican los textos evangélicos, «razones de urgencia» obligaran a sus deudos y familiares a posponer estas operaciones. La rareza de este suceso —compartida, como digo, en ambos casos— conduce a una probabilidad de uno a veinte.

7. Y lo más desconcertante: el «Hombre» de la Sábana Santa «sólo» permaneció envuelto en dicho lienzo por un espacio no superior a las treinta y seis horas. De haber continuado más tiempo, la putrefacción habría arruinado la misteriosa imagen y la propia sábana. ¿Y qué dicen los evangelistas? Todos lo sabemos: el cadáver del Maestro «desapareció» del sepulcro en la madrugada del sábado al domingo. Verdaderamente es poco verosímil que los que se preocuparon de envolver el cuerpo del «Hombre» de la Síndone en un lienzo penetraran en la sepultura antes de las treinta y seis horas para cambiar de sitio al ajusticiado y retirar el paño de lino. Y las computadoras recibieron una más que «generosa» probabilidad: uno contra quinientos.

¿Y cuál fue el resultado final?

Yo diría que escalofriante y rotundo: uno contra doscientos billones.

En otras palabras: sobre la posibilidad de doscientos billones de crucificados, sólo uno habría reunido las siete «circunstancias» mencionadas. Y ese «uno» tiene nombre propio: Jesús de Nazaret o, lo que es lo mismo, el «Hombre» de la Sábana Santa.

Como decía el Maestro, «quien tenga oídos, que oiga»...

En Larrabasterra, siendo las 18 horas del domingo, 17 de febrero de 1991.

Situación de Italia.

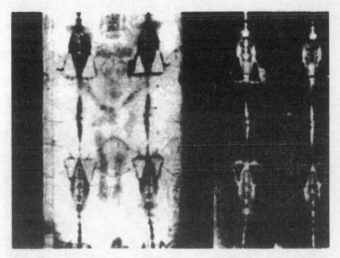

Las huellas del «Hombre de la Síndone» o Sábana Santa (izquierda), tal y como aparecen en el lienzo. A la derecha el «positivo» de dicha imagen.

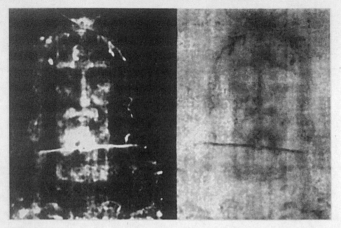

Uno de los grandes enigmas del lienzo: la imagen es un «negativo fotográfico». A la derecha, el original o «negativo».

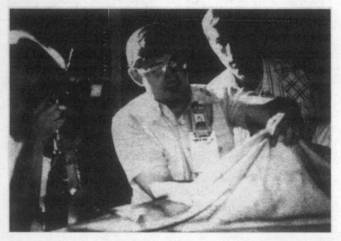

Los científicos norteamericanos Jumper y Jackson, durante las investigaciones realizadas en 1978 en Turín.

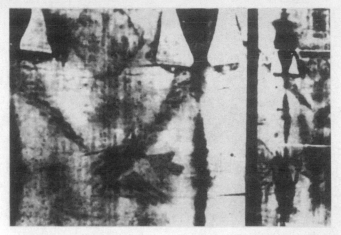

La sangre coagulada marca la terrible herida producida por el clavo en la muñeca.

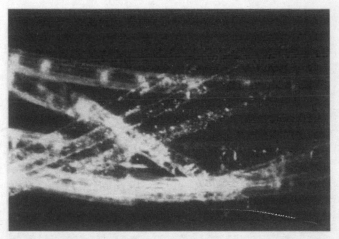

En la ampliación de la trama del tejido de lino han sido identificados áloe, mirra, polen y fibras de algodón.

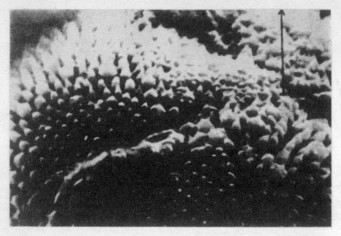

Imagen ampliada y obtenida con microscopio de uno de los granos de polen depositados en la urdimbre de la tela.

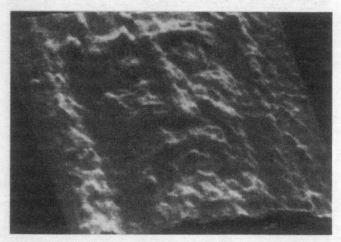

La imagen de la Síndone es «tridimensional».

En la imagen captada con luz fluorescente destacan las zonas ensangrentadas de la cabeza.

Merced al trabajo de las computadoras fue posible «reconstruir» el rostro limpio y sin heridas.

Impreso en Litografía Rosés, S. A.
Progrés, 54-60. Polígono La Post
Gavá (Barcelona)